豪哥的哲學課

古希臘篇

★

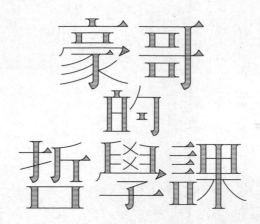

哲學思考教育的新起點

張淑玲
昶心蒙特梭利實驗教育 負責人

「尊重所有生命是否是道德義務？」「我是被我的過去形塑而成的嗎？」「藝術作品是否永遠有意義？」以上這些是二〇一五年法國的高中哲學會考題目。

這幾年，世界各國政府對於教育改革的聲浪四起，台灣則在歷經兩次教改的失落後，民間開始有更多聲音的反思，希望台灣教育能夠擺脫僵固的升學主義與過時的課綱設計。

在各式各樣紛紛擾擾的課程建議中，關於思考教育的反思與建議，毫無異議的應該是當前台灣教育最需被重視的一塊。在這其中，以哲學教育出發，從小培養孩子結構嚴謹的理性思辨能力，其實是最基礎也是最直接關聯的「有效」方法。

可惜的是，哲學思考教育，在台灣一直是個嚴重的「遺漏課程」。當我們透由臉書或其他社群媒體，驚艷於法國或其他西方國家在思考教育上的著墨與用力時，回過頭來檢視台灣目前的現狀，會發現到就算我們已經意識到思考教育的重要性，可是整個課程的結構與基礎架構或是相關的討論，仍是付之闕如。

這對於有心要投入並推廣哲學思考教育的熱血人士而言，是個艱難跨越的障礙。

蒲老師的這本哲學入門故事，在此時能夠出版，對於當前基礎哲學教育的推廣，無異真是一陣及時雨。既提供了教材教案上全新的方向，也打開了兒童及青少年哲學教育的視野。以故事的型態引導孩子們進入哲學家的思維，對於其所應對及思辨的架構提供了一個清楚的脈絡。大大地降低了一般民眾或學生普遍覺得哲學晦澀難懂及無法平易近人的疑慮。讓讀者透由這些有趣的故事，縮短我們跟哲學家的距離。這對於哲普教育真是個重要的起點！

作為一個體制外的實驗教育團體，䄙心的孩子有幸在過去一年半中、在哲學思考教育上，經由蒲老師的授課與帶領，有了非常好的學習成效。䄙心的孩子們，不僅樂於浸淫在這些哲學故事中，也逐漸能夠結構完整地回答抽象的哲學思考問題。我們雖然沒有法國高中哲學會考的訓練，但在䄙心，每個星期一篇哲學故事的引導及討論，其經年累月積累的成效，其實已經逐步展現在孩子抽象思考能力的提升。

希望在可見的將來，能有更多的教育機構或家長投入哲學教育的推廣，讓更多人享有跟䄙心孩子一樣的幸福。在孩子們很小的時候，讓這些偉大哲人們陪伴他們成長，豐厚他們的心靈層次，讓他們在未來面對可能的人生課題時，得以有足夠的智慧思考。作為父母及教育者，這應該是我們最虔誠的希望吧！

悠然漫步於故事裡的哲學思想

冀劍制　華梵大學哲學系教授

這幾年來，我出版了幾本哲學性書籍。每出一本，都會親自送去給一位我很尊敬的友人。有一天，他突發奇想的建議說，「不妨把這些哲學觀點用小說的方式寫出來，這樣就可以在生動的故事中讀到很多有趣的哲學理念。」當時我回答，「這點子很好，但實在太花時間了，或許等我退休後再說吧！」

所以，當我看到蒲世豪老師這本書稿時，感到有點慚愧，真是事在人為啊！我知道蒲老師平時也很忙碌，但在百忙之中，還是可以抽空構思故事，並將哲學理論連結在一起，寫出這樣有趣的著作，實在非常嘆服。這本書出版後真希望可以拿給那位友人瞧瞧，看看是不是他心目中理想的型態，但很遺憾的，他已不在人世。

我們生活在一個看似穩定，但卻隨時會有巨變的世界裡。我們永遠不知道，明天將會有什麼驚喜、或是悲傷。一夕之間，人事全非，或是好運當頭。各種不可思議的故事，都曾經在人世間真實上演。究竟該如何思考這樣的人生，這一切的意義究竟在哪裡？

或許，針對人生的問題，無論如何思索，都不會得到一個確定的答案。但這並不表示這些思考是無用的，因為我們可以找尋一個相對合理，讓自己安身立命的人生觀。不過，每一個人都必須化身成為哲學家，找尋自己的解答。唯一的捷徑，大概就是參考別人的哲學，以免重蹈覆轍。

讀哲學，是實現理想人生的捷徑。但哲學通常艱澀難懂，需要有人引導，在思想叢林中開出小徑，才能悠然漫步於其中。

蒲老師這本書的完成，象徵了台灣哲普界新時代的來臨，「讓哲學變得更有趣而又不失深度」。以故事的方式來表達哲學，可以將思想套入在情境中，讓它更加生動、也更生活化。或許，這將成為未來的新趨勢。

然而，許多哲學深奧難懂，要將其思維深度完全融入，顯然並不是一件容易的事情，很高興蒲老師帶頭鳴笛，創造出這樣的一個作品，希望這是一個開始，未來將會有更多有趣、有深度的哲學故事，陸續問世。如果真是如此，將會對整個社會與文化帶來重大的影響。那麼，就讓我們拭目以待吧！

我的理想哲學課

蒲世豪

★本書的理念說明

《豪哥的哲學課》是我二〇一四到二〇一五年，筆者在昶心蒙特梭利小學S1教室哲學課使用的教材。同一時間，我也在華梵進修學分班西洋哲學史課程使用同一套教材，教學對象同時包括國小學生與國小老師。不管是國小老師或學生都是首次接觸哲學，課程內容對他們而言都是新奇有趣的。兩邊學生在閱讀跟理解上都沒有太大的問題，這興起我將此類教材出版成書的想法，也許能推廣給一般大眾閱讀與使用。

本書試圖用每篇四到五千字的故事，簡介哲學家與哲學觀點。每篇都以某一個哲學家（或學派）為主角，參考歷史編構一段小故事，在故事中透過角色對話自然地展現出哲學家的想法、理據或推論。故事本身是虛構的，哲學家的思想卻有典可據。除了當作青少年哲學閱讀的教材之外，這本書也可以當作哲學入門的參考。

哲學思考一般人聽來或許陌生，其實並不難懂。哲學就是對思考中重要的抽象概念，提出不同觀點的學問。舉個例子，大家都明白「科學」的力量，而反省「什麼是科學」，釐清科學的本質就是一個哲學主題。有些哲學學派認為只有科學能幫我們擺脫錯誤與迷信，得到真確的答案，也有哲學學派認為科學只是為了控制自然而發明的工具，本身並不特別真確。

大家或許也聽過「不自由，毋寧死」，然而「自由」到底是什麼，真有那麼重要嗎？又是另一哲學主題。哲學關注如：真理、知識、幸福、正義、美感這些抽象的概念，離生活實用比較遙遠，但其重要性並不因此而減。如果用房屋來比喻你的思考，哲學像是整棟房屋的結構，房屋結構不像打蛋器或刀子有明確的功用，但卻無時不影響居住於其中的生活品質。

也因為關注各種不同的觀點，哲學往往不傾向提供唯一的答案，而是將數種觀點分析陳列，以供參考。哲學比任何學科更關注思考過程，它對比不同的思考角度，批評其證據與合理性，思考其意義與價值，卻不強迫你一定要接受它。如果想讓自己思考過程更合理與周全，增加思考的深度、靈活度與多元性，學習哲學絕對是極富教育價值的。

本書是哲學史課程，一開始是為國小五六年級以上的孩子設計的，主要想培養孩子以下三種能力。

1. **形成觀點的能力**
2. **抽象思考的能力**
3. **閱讀思考的能力**

傳統教育喜歡談知識，不喜歡談觀點；喜歡給答案，不注意答案怎麼形成。在學習中若缺乏「形成觀點」的過程，會讓學習缺乏趣味與效率。哲學教育與傳統教育相反，喜歡把知識當觀點，把答案當成一種想法。這有助於平衡現有的知識傳授模式，增加思考的靈活度與深度。

哲學喜歡討論抽象概念，哲學課程可以增強抽象思考能力，這也是現代教育所缺乏的。現代教育追求精細分工，課本內容往往因執著精細而過於瑣碎，帶給學習者不少挫折。抽象能力幫助孩子對學習時有更清楚，更全面，也更深入的理解。這不但能提高增加學習的質，甚至能增加學習的趣味。

最後一點是最明顯的，本書需要一邊閱讀一邊思考，故事中對話需要仔細的對照與琢磨，才能跟得上相互詰辯的討論。這個過程可以培養孩子邊讀邊想，耐心專心以及理性思考的習慣。

其實這三種能力對所有年齡的人都有用。這三者加在一起，就是一般所謂思考能力或思辨能力。哲學教育就是培養思考能力。

不過說到這裡，或許有人不免懷疑，由於課程主要內容是了解哲學家對事物的觀點，研讀別人的觀點真能有益於「自己」的思考能力，真能幫助「自己」形成觀點嗎？

哲學教育是「教思考」的過程。「教思考」聽來有些矛盾，因為一個人不用別人教也能自己思考，而且如果他不主動思考，強迫也沒用。本書所謂「教思考」不是給答案、教動作甚或給出公式方法，而是試著「欣賞」。哲學課程希望讀者能「欣賞」一下」不同的觀點，當作建立自己思考的橋梁。這跟「欣賞」藝術作品一樣，創作者往往先驚嘆於他人作品的完美，受啟發後再致力於自己的創作。

所以請各位先抱著欣賞的態度去理解。我希望這本書的讀者能回顧一下人類思考的歷史，不用急著尋找這一課用在哪裡，那個理論可以反駁誰。培養思考不總是要勉強提出自己的想法，或一定要批評現代生活的議題，有時也可以去欣賞前人思考的出發點與深度，擴張自己認識的世界。當你面對新問題的時候，豐富的視野將會慢慢轉化為你的內在力量，而且更能被靈活運用。

不過因為本書試圖向年紀更輕的孩子介紹哲學，或許有人擔心哲學會不會給孩子來一些壞的結果，比方說變成極端或反社會人格呢？學任何東西的孩子都有可能被設想為好壞兩個極端。發揮一下想像力，我們可以想像：學科學的孩子瘋狂偏執，學醫的孩子冷酷無情，學文學的孩子脆弱悲觀，學音樂的孩子恃才傲物，學體育的孩子腦袋空空。這些都是透過想像把學科極端汙名化的結果。

這些大多不是事實，而是流言與想像。擔心哲學帶來的極端或瘋狂，跟擔心以上的壞結果一樣，除了缺乏事實根基，若真的有相似情況發生，常會發現這些往往是學習不夠深入的結果。剛學功夫的人愛與人爭鬥，剛接觸文學的人易多愁善感，但若受到老師正規而有系統的引導，更全面了解之後，這個狀況幾乎不會發生。與其讓孩子將來因偶然接觸到這些主題，受到不可知的影響，倒不如讓老師在設計好的環境中好好利用這些資源，來培養思考的能力。

最後必須致歉的是，在浩瀚的經典論述中，我對任一哲學家的認識，遠遜於此領域的專家，我只能介紹較一般性的觀點，無法深入最新的研究。這點我只能先為自己的才疏學淺致歉。我的師長、同輩與學弟妹們都能提供百倍的專業智慧，本書僅僅是入門導遊而已。

然而必須說明的是，哲學如果沒有論點的交互批評與責難，似乎就少了大半意義，因此我盡可能在故事中補強這點，讓討論熱鬧一點。有時我會為討論添些自己的解釋或後人的見解，這非百分之百的報導，我應承擔其責任。增加部分在每篇故事的後記中已盡量說明，但為了推廣哲學的趣味性，我認為這是必要的。

其實到目前為止，我解釋的大多是哲學對所有人的意義，而沒有「特別」點出兒童或青少年為什麼要學哲學，因為我視他們如成人。我覺得哲學思考是有趣的，有用的，有意義的，因此介紹給身邊的孩子作為禮物。套句我以前書的哏，我對兒童學哲學的看法就跟兒童學廚藝的看法一樣，不一定適合每個人，但接觸一下也不錯，前提是注意安全。以我的經驗，學哲學比學廚藝要安全多了。

我也不主張人人都應當念哲學，我只是認為，能有機會接觸到一點哲學思考，對個人生命來說是件正面的事。如前所言，哲學思考能刺激各種不同角度的思考，鼓勵不同的領域抽象整合，訓練我們的想法更加深入，更加全面。本書希望能在哲學教育上拋磚引玉，透過思考教育的推動來改善社會。

★本書的使用說明

本書由十九個故事構成，每篇故事約四到五千字，整本書提供超過十萬字的閱讀量。由於內容包含許多不同的人物、主題、想法、論點，讀者在閱讀時必須邊讀邊思考，這是一本哲學主題的閱讀思考教材。

筆者授課的對象主要是六年級的孩子，依照我的觀察，他們在理解文本內容上是完全沒有問題的。我認為五年級以上的孩子若有大人陪伴就可以閱讀這些故事，不過若孩子對較長的句子與篇幅理解力不錯，也不用太拘泥於年齡。因為了解哲學的人口不多，家長其實可以跟孩子一起閱讀，一起討論，一起學習，兩人同窗共讀的親密感會是很難忘的回憶。

這本書的用法可以很多元。筆者過去的使用方式，是在課堂上先讓學生各自閱讀十五分鐘到三十分鐘（可依學生狀況調整），然後以文末題目與學生進行討論。面對一開始不擅回答的學生我會提醒他答案在課文的哪裡，至於熟練能自己答題的學生我會問他對這些論點的看法，同意與否的理由等問題。問題的答案雖然多半是文本中就有的，但只要多問「你同不同意？」跟「為什麼？」就可以變成很好的討論題。

筆者國小課程時間是一點五小時。如果是成人課程，由於大人經驗豐富，組織能力也較好，相同的時間也許可以上兩堂課。這是本書的另一種使用法，你可以把兩課課文拿來對比，一次上兩堂。我仔細安排過課文主題，使它可以兩兩一組討論，但不是依照原文的順序（原文主要依照歷史順序）。對照討論的分組方式如下：

第一組	米利都的美男子 阿基里斯與烏龜的賽事
第二組	畢達哥拉斯的麵包規矩 德謨克利圖的自辯
第三組	收學費的普羅塔哥拉斯 街頭的蘇格拉底
第四組	柏拉圖的逃亡 蘇格拉底的最後一天
第五組	亞歷山大的導師 亞歷山大與戴奧真尼斯
第六組	海島上的理想國 亞歷山大的政治學課
第七組	柏拉圖的夢境 亞里斯多德的逃亡
第八組	皮羅先生 獨眼巨人提蒙
第九組	至善花園 奧理略的家書 殊途同歸

第一組〈米利都的美男子〉與〈阿基里斯與烏龜的賽事〉前者談萬物的構成材質，後者討論物體運動的問題，剛好互補。第二組〈畢達哥拉斯的麵包規矩〉與〈德謨克利圖的自辯〉兩篇主角提出的是對立的主張。第三組〈收學費的普羅塔哥拉斯〉與〈街頭的蘇格拉底〉兩篇主角提出的也是相互對立的主張。第四組〈柏拉圖的逃亡〉與〈蘇格拉底的最後一天〉則是排比，前者逃出了環境的限制，後者逃出了身體的限制。

第五組〈亞里山大的導師〉與〈亞歷山大與戴奧真尼斯〉隱含著價值觀的對立。

第六組〈海島上的理想國〉與〈亞歷山大的政治學課〉對比柏拉圖與亞里斯多德兩種

不同的政治哲學。第七組〈柏拉圖的夢境〉與〈亞里斯多德的逃亡〉則是對比柏拉圖與亞里斯多德兩種不同的形上世界觀。第八組〈皮羅先生〉與〈獨眼巨人提蒙〉是主題不同但相承一系的師徒。第九組〈至善花園〉與〈奧理略的家書〉與〈殊途同歸〉是兩個相競爭學派的對立與統合。

用這九組對比討論是另一種更快也更具結構性的教學方式。對立的觀點比平鋪直述更能表現哲學思辨的本質，因此在訓練老師的時候我多半或用這組順序來上課，至於閱讀經驗更少的孩子，可以依照難度由淺入深來閱讀，我依照上課的經驗與反應，將閱讀課程簡分為三種難度：

難度：⚑

米利都的美男子
畢達哥拉斯的麵包規矩
柏拉圖的逃亡
亞歷山大與戴奧真尼斯
皮羅先生
奧理略的家書

難度：⚑⚑

德謨克利圖的自辯
蘇格拉底的最後一天
海島上的理想國
亞歷山大的導師
亞歷山大政治學課
亞里斯多德的逃亡
獨眼巨人提蒙
殊途同歸

難度：⚑⚑⚑

阿基里斯與烏龜的賽事
收學費的普羅塔哥拉斯
街頭的蘇格拉底
柏拉圖的夢境
至善花園

閱讀經驗低的人可以選擇從簡單的故事開始。特別注意〈阿基里斯與烏龜的賽事〉主題是數學中的「無限」概念，因此難度較高。〈柏拉圖的夢境〉與〈收學費的普羅塔哥拉斯〉的主題較抽象，所以我將之歸入高難度。〈至善花園〉篇幅比較長，而且比較需要人生經驗，最後〈街頭的蘇格拉底〉則是論證的結構稍稍複雜些，所以列入高難度。師長可以在閱讀文本後再來思考適不適合使用。

除了依照各種順序外，老師當然也可以挑選自己喜歡的故事，或挑選自己喜歡的主題做更深入的討論。這本教材是為了提供哲學課程基本的內容，而不是為了限制哲學課程的基本內容而設計，任何老師因時制宜的改動，我都認為是極好的。

★

這本書要感謝許多人。可一旦點名，我對自己的記性沒有信心，疏漏可是大罪，所以請原諒我不提個別名字一併感謝。我要感謝我的學生（不管成人還是孩子），你們是我最大的寫作動力，是這本書的靈魂。我要感謝我的師長（不管過去還是現在），你們是我最大的專業支援，是這本書的身體。我要感謝我的朋友（不管現實中或網路上），你們陪我走過漫長的寫作之路，是孕育這本書的子宮。而我只是剛好接生下這本書的人，如果這本書有任何一點值得稱讚的地方，我相信這一定都是因為你們的緣故。

目錄／CONTENTS

004 推薦序／哲學思考教育的新起點 張淑玲

006 推薦序／悠然漫步於故事裡的哲學思想 冀劍制

008 前言／我的理想哲學課 蒲世豪

021 STORY 1 | 米利都的美男子

037 STORY 2 | 阿基里斯與烏龜的賽事

053 STORY 3 | 畢達哥拉斯的麵包規矩

069 STORY 4 | 德謨克利圖的自辯

083 STORY 5 | 收學費的普羅塔哥拉斯

097 STORY 6 | 街頭的蘇格拉底

113 STORY 7 | 柏拉圖的逃亡

129 STORY 8 | 蘇格拉底的最後一天

145 STORY 9 | 柏拉圖的夢境

159 STORY 10 | 海島上的理想國

175 STORY 11 | 亞歷山大的導師

191 STORY 12 | 亞歷山大的政治學課

207 STORY 13 | 亞歷山大與戴奧真尼斯

221 STORY 14 | 亞里斯多德的逃亡

237 STORY 15 | 皮羅先生

255 STORY 16 | 獨眼巨人提蒙

269 STORY 17 | 至善花園

287 STORY 18 | 奧理略的家書

299 STORY 19 | 殊途同歸

313 思考練習／參考答案

STORY 1

米利都的美男子

理性與宗教、事物的變化、萬物起源、萬物質料、名詞的意義、理性精神

★

西元前五百七十年。希臘東南邊的小島米利都。

西元前七世紀至前六世紀，希臘殖民興盛，米利都介於希臘與埃及兩大古文明之間，與兩國皆有貿易往來，吸收了兩種不同文化。

米利都有三位出了名的美男子。三人年紀相仿，彼此熟識，個個聰明絕頂、多才多藝。若這個時代女性能自由追求所愛，這三人愛慕者總和很可能會占米利都人口的一半；再者，若三人的俊才又被雅典人知道了，那愛慕者的總和恐怕得再加上雅典人口的一半。

三人之中，泰利斯最為年長，他是個舉手投足帶著英氣的美男子。泰利斯熟習數學與天文學。曾成功地預測西元前五百八十五年的日蝕，用影子推算出金字塔的高度。不過聰明的他卻也因熱愛思考入神，失足跌進過爛泥裡，遭從僕嘲笑。

面若冠玉、線條圓潤的安納克西曼德是氣質溫柔的美男子，溫文儒雅、彬彬有禮的他最擅於當和事佬。他也擅長數學與天文，曾繪製出完整星體圖，製造了人類歷史上第一個星軌儀。

年紀最小的安納克西美尼。有著一副鬼靈精怪的臉，雙眼狡黠燦光，個性天真無邪。他著迷天文與地理，隨安納克西曼德學習，稱他「老師」。他是第一個以月亮陰影推論出月光乃由反射而來的人。他愛跟泰利斯唱反調，喜歡等「老師」出來調解鬥嘴。

今日，萬里無雲，風晴日和，是地中海沿岸最舒爽的天氣。三位美男子約好一起去海邊。

「今天祭司禁止大家去海邊。」安納克西曼德道。

「別開玩笑了，瞧這美好的天氣。」泰利斯回道。

「老師，我們三個不是以不聽祭司話聞名嗎？」安納克西美尼說。

安納克西曼德忙解釋道：「沒有刻意不聽誰的話，我只是憑理性思考判斷行事。祭司們忙著教誨從不反省，很多說法不可信。」

泰利斯回道：「他們會反問理性是什麼，為什麼理性比聽話好。」

安納克西曼德道：「聽話是外來的權威，不求進步只求千年一日；理性是內在的精神力量，能透過反省修正進步。會進步的自然比不會進步的好。」

泰利斯道：「這答案簡直是跟祭司們宣戰。」

安納克西美尼道：「那我們只好被迫加入老師這邊囉！」

三人又開心地聊了一些祭司與宗教的壞話，從當時眼光看來，三人的言行的確與宗教有些衝突。

「最近我讀了些神話，發現有些有趣的主題。」泰利斯突然開了個話題：「荷馬的《伊利亞德》、《奧德賽》主題在人，說著生命短暫，友誼可貴、死後生命，雖然有趣，但我最喜歡的是荷西奧爾德的《神譜》……」

「泰利斯，你怎麼會去讀《伊利亞德》或《神譜》這些大有問題的神話？」安納克西美尼質問。

「大有問題？」泰利斯驚訝回道。

安納克西美尼提高了聲調：「神話總是大有問題。這類作品由很多人口耳相傳整理而成，其中誇大不實說法不可勝數。」

「就算多人口耳相傳，你否定得也未免太快了吧？」

「光《神譜》作者就吵不完，你認為是荷西奧爾德，有人說是波俄提雅詩派詩人！」

「你什麼證據說是波俄提雅詩……」泰利斯有點生氣了。

安納克西曼德試著調停道：「泰利斯對其中的主題感興趣，並沒有肯定整部作品的真實性。而且就算是口耳相傳的作品，也不見得全不可信。」

「也不是全部可信！」安納克西美尼強調道。

安納克西曼德回應：「部分可信，也有部分不可信。透過討論，我們可以用理性來分辨。」他溫柔地瞪了兩人一眼道：「『理性』難道是我們三個人欠缺的東西嗎？」

經他一提醒，氣氛稍稍緩和。

「泰利斯，你到底發現什麼主題有趣？」安納克西曼德問道。

「我發現萬物起源這個主題十分有趣。」泰利斯回道。

「為什麼有趣？」安納克西美尼從不放過追問泰利斯的機會。

泰利斯道：「了解事情的起源很重要，你看見一棟精美的建築，想深入了解時，最先問的不就是這是誰蓋的嗎？」

「沒錯。」安納克西曼德道。

「想從頭了解一件事是一種很自然的求知欲望。我們三人對萬物的生滅及變化如此著迷，萬物起源自然也是我們有興趣的主題之一。」

安納克西美尼再度挑釁：「不過我很懷疑從神話中能得出什麼理性論點。神話只會說諸神造了天地之類的。」

泰利斯回道：「諸神創世過程自然不可信，不過我認為造物的某些環節可能是對的。萬物不但是用某些東西造的，而且應該是由同一種物質造成的。」

「『同一種』物質？」安納克西曼德忍不住問道。

泰利斯對他點了點頭。

「理由是什麼？」安納克西美尼問道。

泰利斯不慌不忙回道：「萬物能交互變換，植物吸收地力生長結實，人吃穀物製成的麵包能長高長肉，人死入土後又再度變成地力。萬物由同一種物質構成才能解釋這些不同種類事物之間的轉換變化。」

泰利斯的推論很有意思，三人眼前彷彿飄過萬物由簡單不斷複雜分化，交互作用變化的場景，雖然細節還不了解，但肯定包含許多值得思考的問題。

「萬物由同一種物質構成？這物質是什麼？」安納克西曼德道。

「雖然還不能完全確定，但基本上是合理的猜測。」泰利斯用一種靜虔的語氣道：「那就是『水』。水是構作一切事物的材料，萬物都是由水經某些過程變化而來。」

安納克西曼美尼道：「憑什麼說這是合理的猜測？」

「生命的維持與生長都需要水，連植物也不例外。這不是說明了在建造生物的組織會用到水嗎？」

「那你有沒有考慮過，生物以外的東西呢？」安納克西曼德道。

「水可以冷化成固體的冰，熱化為氣體的氣。其他的東西，我看不出什麼困難。另外……」話題被引起，泰利斯顯然很興奮。「陸地有邊界，大海卻一望無際。我甚至覺得神話說整個世界浮於水上可能也是真的。」

「那火呢？火也是水變成的嗎？」安納克西美尼追問。

安納克西曼德道：「他說的對！我們視水為火的對立，火不太像是能由水構成的東西。即使很熱到能氣化的水，也能滅火。」

泰利斯思考了一陣子，發現這問題比想像中難答。

「如果火不能解釋，那所有發光的物體，包含太陽，都很難解釋。」安納克西美尼道。

泰利斯露出困頓表情，「火這點我的確還沒想透。我需要更多時間來觀察與思考。」

三人邊聊邊走進陰暗的樹林。安納克西曼德繼續了話題：「關於剛剛的問題，我有另一個想法。我也認為萬物應源於同一種物質，但不是水。」

「那是什麼？」泰利斯回問。

「構成萬物的物質應該是『無限』。可見萬物充滿各種對立，水火相敵、日夜相頃、天地相對；這些對立元素，彼此不相調合。由此反推，宇宙最初應該是由『非對立的物質』所構成，『非對立的物質』非屬萬物，我稱之為『無限』或『不限』。所有的事物都是由『無限』所構成的。」

「非對立的物質？」安納克西美尼覆述並思考著。

「水火是一例，因為萬物皆有其對立面，若構作萬物的物質是同一種，那麼這種材料的對立面就很難解釋了。因此構成萬物的物質應該是非對立的『無限』才合理。」

「那後來又如何出現對立的萬物？」泰利斯回問。

「初始只有靜止的無限。對立力量介入後形成了彼此相對的萬物：冷與熱，乾與濕，日與夜，最後是蒼穹與大地。」

「你解釋的都是非生命的自然現象。我對生命也能這樣解釋存疑。」安納克西美尼問題總是一箭穿心。

「生命的確比較複雜，泰利斯認為水是宇宙最初始的狀態，在某種意義上是正確的，水是生命的始源狀態。生命從濕地或海洋中產生，慢慢出現各種變化，人類祖先是海中的魚類。」

「我的觀念可不止如此，這推論未免過急！」泰利斯急道。

「我只是給宇宙起源的『大致』輪廓。再補充一點，宇宙的變化往往是對立的補償。夏天日長夜短，冬天日短夜長。輕的火燃燒會產生重的土，動的水久置成為不動的泥。凡一邊太過，另一邊即平衡之。」安納克西曼德說完這段後，露出了滿意的表情。

泰利斯道：「可是你對『無限』的了解，幾乎都是從反推而來的，不是嗎？」

安納克西曼德道：「是的，因為現存事物都是對立的事物，無限這種物質已經消失了，所以我的確是反推回非對立的『無限』。但反推並不矛盾。」

「是沒有矛盾，但我總覺得這樣反推回去的解釋好像缺了什麼？那到底缺了什麼？」泰利斯自言自語地陷入了苦思。

安納克西美尼道：「我來幫泰利斯說明。老師的說法雖然沒有矛盾，卻讓人覺得可疑。因為無法正面描述『無限』這種物質。它不是火，不是風，不是水，不是土，不是任何可見物。它與現有萬物不同，但如果無法『正面』說明它是什麼，『正面』說明它如何構成萬物，這種解釋就像停留在語言上的解釋，而非真有其物。」

泰利斯道：「對的！我就是這個意思，不過你的簡述實在太出色了！」

安那克西曼德仔細思考後發現這個問題一樣很有意思，只好聲明：「或許我還無法回答所有的問題，這表示我還需要繼續思考，但不代表這是錯的。」

「你們兩個說完，總該換我了吧。」安納克西美尼道：「我也認為萬物起源於同一種物質，但不是無限。『無限』這說法除了剛剛的問題之外，還有另一個理由，那就是應該要有『無限』留下來。」

安那克西曼德問道：「為什麼應該要有『無限』留下來？」

安那克西美尼道：「因為『現在』也是萬物生滅變化的過程之一；不應假定構作萬物的物質剛剛好用完。這物質應該現在也能看到才對。」

「非常合理。」泰利斯附和，因為這對他也有利。

安納克西曼德問道：「那到底是什麼？」

「也不是水，而是氣。空氣，我們正在呼吸的物質。我們對空氣的依賴比水更深。」安納克西美尼繼續：「生物沒有不呼吸的，植物也需要空氣。生物組織的構造與維持也都需要空氣。」

「那你考慮過魚類嗎？」安那克西曼德回道。

「看魚類上岸的反應可以推測魚類的器官能在水中呼吸，這讓假定物質都由氣構成的說法更合理，水中也有氣。」

「那非生物的自然現象呢？」安那克西曼德回道。

「氣雖然看不見摸不著，但用皮帶裝著就會對袋子外側產生推力，這表示氣聚合能形成摸得著的物。氣有能聚散的特性，氣的聚散能形成其他事物，氣過稀成了火，再密一點成為風，再密則是雲霞。再來就改變型態，成為流動的水，聚得更密的氣成為土，土經擠壓成為最密的石。事物的變化，都只是氣變化過程而已。」

「你的解釋跟我很像。」泰利斯回道。

「對，有些類似，但我認為氣出現在水之前，水反而是氣成雲之後降到地面變成。」

「那你怎麼解釋火？」

「火燃燒時有熱氣上升，火與氣之間的關係反而很容易理解。」

「如何解釋對立物質的消長？」安那克西曼德回道。

「老師，這問題對我來說沒必要解釋。因為你注意到的『對立』對我來說只是變化的『表面』。火是稀的氣，水是密的氣，水能滅火是因為密氣特性與稀氣特性不同所造成的，而不是真有相互對立的物質。氣不同型態的特性使得各型態的轉換變化一直存在，如此而已。角度不一，看重解釋的重點也不同。」

一邊思考，一邊辯論的三人終於來到海邊。這是地中海特有的石灰岩海岸，在晴日下如同藍寶石的碧藍海水，清澈見底，廣闊深邃。海水讓三個人的心瞬間明亮。

安那克西曼德道：「好吧！我接受你的說法，看來我們角度不一，看重解釋的重點也不同。」

泰利斯道：「至少就目前所觀察到的證據來說，三人都有可能是對的。」

安那克西美尼道：「也許三個人都錯！不過現在我可要先游泳了。」

三位美男子快步奔向海邊，享受沁涼海水的熱情擁抱。而他們投身的哲學討論，也像大海一樣，用冷靜思考帶出熱情的擁抱。

泰利斯、安納克西曼德、安納克西美尼三位所說的都是錯的，但你們追求真理的心，比單純對錯更有價值。

★後記

泰利斯（B.C. 624-546）、安納克西曼德（B.C. 610-546）與安納克西美尼（B.C. 585-528），這三人是研讀西洋哲學史者會最先接觸的思想家。本故事純為虛構，並刻意扭曲其容貌、年紀，以及彼此之間的關係，為讓他們三位藉著討論說出自己特殊的看法。

這三位思想家代表哲學從宗教獨立出來的理性精神。人們開始用理性去思考萬物的創生與變化，而非言必稱神。雖然他們論述偶爾仍見宗教色彩，但更多的是理性思考的因子在其中。

這三位所提出的論點，在哲學裡被稱為「宇宙論」：解釋宇宙萬物生滅變化的理論。

這三位哲學家提出的觀點，也可以視為西方科學精神的萌芽。萬物的起源或質料的問題，現代是科學負責解釋的問題，但理性剛萌芽時，還沒有那麼多的餘力將問題細分。這也提醒我們，任何不同領域研究，雖然主題有所不同，其實最終相同的源頭可能是相同的「理性」與「好奇」，就像這三位思想家一樣。

★思考練習

1. 安納克西曼德認為理性比聽話要來的好的原因是什麼?
2. 泰利斯認為神話作品中有趣的問題是什麼?為什麼?
3. 泰利斯提出構成萬物的基本物質是什麼?理由是什麼(選一個就好)?
4. 泰利斯的說法遇到什麼困難?他因此而放棄了自己的說法嗎?
5. 安納克西曼德提出構成萬物的基本物質是什麼?主要的理由是什麼(選一個就好)?
6. 其他人如何批評安納克西曼德的論點?任舉一例。
7. 安納克西美尼提出構成萬物的基本物質是什麼?主要的理由是什麼(選一個就好)?
8. 這三人在故事的最後是否有確定誰是對的?你覺得有時保留答案也可以說是符合理性的嗎?
9. 試著自己提出一個全新的,世界一開始是由OOX構成的說法,並且試著提出理由來支持它。

STORY 2

阿基里斯與烏龜的賽事

運動的分析、思考過程與結果、無限分割、知識與智慧、齊諾悖論、無限收斂級數

★

特洛伊戰爭打到一半，英雄阿基里斯因為阿加曼農的冒犯憤而離營，卻陰錯陽差地參加了一場奇特的比賽。

司儀道：「首先我們邀請希臘第一勇士，英雄阿基里斯出場。」

「天啊！真的是阿基里斯！」

「阿基里斯我們愛你！」

「半神阿基里斯——半神阿基里斯——」

集勇氣、俊美與強健於一身的希臘英雄阿基里斯現身，全場觀眾歡呼驚叫聲立時響徹雲霄。阿基里斯早已習慣這種出場方式，不過今天這場簡單的賽跑卻讓他感到莫名的不安。

「這場比賽，贏了對我毫無意義，輸了卻足以毀掉我一世勇名。」阿基里斯一邊安慰自己一邊活動筋骨，做賽跑的暖身。

「我只有一個出路！」他認真地對自己說：「那就是勝利！」

司儀道：「接下來歡迎烏龜君選手出場！」此言一出，場上噓聲四起，烏龜君彷彿瘟神一般，令全場觀眾生厭。

「烏龜君！滾！」

「你不配與阿基里斯比賽！」

「聽到賽笛別躲在龜殼裡不跑啊！」

雙方的氣勢有如天壤之別。

大會主席高喊：「請大家肅靜，比賽快開始了。不過在這之前請大家注意這個押注的板子。」

「什麼？押注的板子？」阿基里斯在心中怒道：「沒想到參加對我來說一無是處的比賽還得給人下注。」他有些氣憤，不過很快壓抑了怒氣，畢竟這個時代比賽押注可是常態。

主席喊道：「押注結果實在過於懸殊了，所有人都押阿基里斯選手贏，除了一位之外。」

「居然還有人押烏龜君贏？這人是不是瘋了？」

觀眾們面面相覷，七嘴八舌討論起來。

「各位不需再多猜測，押烏龜君贏的人就是我。」齊諾道。

「居然是他？」阿基里斯心中再度湧現強烈的不安。因為邀請他參加比賽的大會主席，居然把注押在對手身上，他不得不感到事有蹊蹺。

主席朗聲對觀眾道：「因為全部都押同一個人，無辦法構成賭局，所以我只好押烏龜君，讓賭局成立，讓大家玩得愉快一點。」

即便解釋合理，阿基里斯仍覺得忐忑不安，不過時間不等人。

「兩位選手請就位，現在開始倒數。」主席道。

這次賽跑考慮到選手實力差距，阿基里斯被要求禮讓烏龜君一些。烏龜君的起跑處離終點更近，阿基里斯必須先追趕一段路，才能超過烏龜君。當然這個距離控制在合理的範圍內，足以讓比賽結果未定。

「三——」

阿基里斯想起了他的妻子依菲格涅亞，她是如此的美麗善良，純真無瑕。

若不是因為被捲入特洛伊戰爭，阿基里斯也不會才新婚就離開她。阿基里斯在心中再一次發誓，要永遠保護她。

「二——」

阿基里斯想起了他的表弟帕特羅克洛斯，不知道繼續留在特洛伊戰爭希臘軍中的他是否安好。帕特羅克洛斯年輕氣盛，但經驗不足，一旦中了敵人的計謀，很可能會難以脫身。

「一——」

阿基里斯想到特洛伊王子赫克特，聽說他也是萬中無一的英雄，武勇與德行令人景仰，在戰爭中他倆還沒直接對陣，雖然不知道接下來的發展如何，阿基里斯期望有一天能與他交手。

賽笛響起，比賽開始。

阿基里斯火力全開，大步追趕，銅筋鐵骨的小巨人如快箭般飛射而出。他爆發力極佳，一個箭步就縮短了與烏龜君的差距。

烏龜君以一般的速度等速前進著，如果是跟自己比的話，他應該是贏家。他已經比普通烏龜快多了，也比之前的自己快多了，他做足了訓練，訓練發揮了效果。但比賽對手是阿基里斯，獲勝機會仍宛如大海撈針。

阿基里斯與烏龜君一開始相距了K0的距離。

如果要超過烏龜君，他必定得先追過K0這段距離。神行太保運腿如風，只耗了短短的一小段時間T0就追平K0的距離。

不過烏龜君以「等速」前進，即便追趕時間T0不長，但烏龜君還是前進了一小段K1的距離。若阿基里斯想追上烏龜君，又得追上K1的距離。

阿基里斯與烏龜君相距K1的距離，要超過烏龜君他勢必得先追過K1這段距離。阿基里斯只耗了一小段時間T1就追過了K1的距離。

由於烏龜君是以等速前進的，所以即便這段時間極短，但烏龜君還是前進了一小段K2的距離。若阿基里斯想追上烏龜君，又得追過K2的距離。

阿基里斯與烏龜君相距了K2的距離。他只耗了一小段時間T2就追過了K2的距離。

別忘了烏龜君是以等速前進的，即便時間極短，但烏龜君還是前進了一小段距離K3。若阿基里斯想追上烏龜君，他又得追上K3的距離。

三次之後，阿基里斯意識到狀況不對，每一次他都與追過烏龜君的機會擦身而過。而且理由都類似。

「這樣下去不行！」緊張的他開始有點喘氣，他決定再衝刺一次。

阿基里斯與烏龜君相距K3的距離，若要追過烏龜君，毫無疑問地，他得先追過K3這段距離。阿基里斯只耗了一小段時間T3就追過K3的距離。

不過由於烏龜君是以「等速」前進的，即便時間不長，但烏龜君還是前進了一小段K4的距離。若阿基里斯想追上烏龜君，又得追上K4的距離。

阿基里斯又失敗了，而且跟前三次的狀況並沒有任何的差別。每次當他追上了落後的距離時，烏龜都會往前移了一小步，拉開了距離，不管重複幾次都一樣。

屢戰屢敗的阿基里斯越來越緊張，他看著烏龜君越來越近，卻總無法及時趕上，他大口呼吸，想讓自己更專心一點，卻發現他越專注，時間就變得越來越慢。

阿基里斯一慌，卻發現時間已經慢到讓他根本無法呼吸了。

「我……不……能……呼……吸……了……」

停止呼吸一陣子之後，阿基里斯的眼前憑空出現了一片田野般的無盡白雲，他一腳踩在白雲上，覺得既沒有壓力，又不至跌下。

「怎麼會到了這裡！」他一驚，卻發現疲累與喘息都已經消失，徐來輕風吹得他渾身自在舒暢。

天空中傳來美妙的歌聲，眾天使在白雲上飛舞嬉戲。他望見遠處有間座落雲間聖山之上的宏偉神殿，他一眼便知那是奧林匹亞諸神居住之地。

「母親！」

阿基里斯的母親是服侍奧林匹亞諸神的仙女。阿基里斯一發足便往神殿的方向狂奔。他已經許久沒見母親了，他的心在奔馳中狂喜，每一步都讓他離母親更近。

「母親！」

阿基里斯一邊跑一邊喊著。風與雲從他的耳際呼嘯而過，比賽壓力、煩惱以及擔憂似乎都被這風神似的速度一一拋在腦後。聖山與神殿隨著距離拉近越來越高聳，阿基里斯已經能看見聖山上刻著「十二神」的石碑。

「這必定就是戰勝泰坦的十二神居住的聖山。母親一定在這！」

正對著聖山依然無所懼，阿基里斯快步走上樓梯，卻發現前方有一個小小的黑影，思忖是哪位神明，腳程迅速拉近視野，他終於看清楚了。那是一直跑在他前面的烏龜君。

「什麼！」

心頭一驚的阿基里斯從雲端墜落，回神過來的他發現自己仍在賽跑的路上，而烏龜君依舊在不遠的前方。

這就是希臘英雄的命運，空有舉世神力卻難敵命運的捉弄。不管阿基里斯怎麼追趕，都重覆著相同的悲劇，烏龜君的背後卻好像有一堵無形的牆壁，擋住了他，讓他無法前進。

然後就是故事的結尾。感覺到自己永遠追不上烏龜君的阿基里斯終於在賽跑的過程中崩潰，放慢了腳步，漸漸連一步也邁不出去。烏龜君終於跑到了終點，所有人都跌破了眼鏡——雖然這個時代還沒有發明眼鏡。

西元前五世紀，義大利南部的伊利亞。

齊諾對兩位朋友說：「我將賽跑的故事一口氣說完了。」

友一問道：「你希望我們找出故事中推論不合理之處？」

齊諾道：「是的，我希望你們挑出這個故事中的不合理之處，我是指對他追趕烏龜這段過程的分析，依照分析他永遠追不上烏龜，不是嗎？」

友一道：「是的，這點非常不合理。」

友二道：「其實我對剛剛的分析為什麼可以推出阿基里斯永遠追不上烏龜還是有點不了解。」

齊諾道：「好，請讓我再解釋一次。在剛剛的分析中，阿基里斯每追過烏龜一段距離，就會被烏龜超過一點點，對嗎？」

友二道：「對的。」

齊諾道：「而且這整個過程不管重複幾次都是一樣的，對嗎？」

友二道：「對。」

齊諾道：「所以不斷重複相同推論，就有一個由微小量構成的無限長數列，對嗎？」

友二道：「似乎沒錯。」

齊諾道：「但不管多微小的量，只要重複累積無限多次，終究會變成無限大（＊）。既然能累積到無限大，這表示烏龜能一直保持領先。因此阿基里斯『永遠』追不上烏龜。」

友二聽懂了解釋，開始低頭沉思。

友一道：「這個推論並不合理。」

齊諾道：「哪部分不合理？」

友一道：「我們只要比較烏龜與阿基里斯的速度差多少，再配合上距離就知道誰會贏了！根本不用一步步這樣分析。」

「可是你並沒有指出我的『推論過程』哪裡不合理。」齊諾道：「你指出的只是結果的不合理，這好像你說我的答案是錯的，卻沒有告訴我原來的推論錯在哪裡。學習需要過程與結果兼顧，如果對過程無知，只是硬記答案，未來一樣會犯推論上的錯誤。」

友一回道：「你的推論錯在，阿基里斯只要跑到終點就算贏了啊！他不必管烏龜在哪裡，他只要先跑到終點，花的時間比烏龜少，這樣就夠了。」

「雖然講法不同，但你這段說法仍舊只是重述結果。若阿基里斯能跑贏烏龜，在跑到終點之前，他總得先追上烏龜才行。帳目的第一頁有問題，你說只要最後一頁沒有問題整個帳目就沒問題，這是不合理的。如果不能解釋追上烏龜的前半段到底怎麼一回事，仍是逃避提問。」

友一敗下陣來。

友二道：「換我來提出問題。我認為當你分析描述比賽過程時，把跑步過程切分成許多靜止的部分，這是錯的。阿基里斯並沒有停下來，分析中每一刻都是運動過程的一部分。」

齊諾道：「但我從未讓阿基里斯在過程中靜止，只是在思考中分析過程，思考的分析不是真的切分。說人的身體由軀幹、頭與四肢構成，卻不需真的切分它們。把複雜的事物分析成簡單的部分，不是能更了解這個事物嗎？」

友二道：「理論上是這樣沒有錯。」

齊諾道：「如果拆解過程是合理的，組合回去的過程也沒有問題，那麼得到的結論不應與原有觀察矛盾。」

友二道：「可是你在分析時無限地重複推論，這個無限重複的推論是不合理的。」

齊諾道：「無限重複推論在哪一點上不合理？若兩人速度完全相同，我可以推論出一人先跑則另一人『永遠』追不上他，這時無限重複推論就沒什麼不合理，你需要指出在『哪裡』出了問題。不然就只是強調推論本身有問題，卻也不知道問題究竟在哪裏。」

友二也沉默不語。

友一道：「我不懂，你究竟想從這個奇特的故事說明些什麼呢？」

「我想說的是物體的運動過程其實是無法被理解的。」齊諾道：「這樣比喻吧！思考理解世界就好像畫下世界的畫像。不同的狀況就是不同的畫像，收集並記錄畫像之後，我們便能排序並比對這些畫像。」

兩人靜靜聽著。

齊諾繼續解釋道：「對我們而言畫像是具有意義的資訊。但是，『運動』本身並不在畫像中。因為每一張思考的畫像都是靜態的，『運動』的概念是從比對兩張靜態的畫像而來的，但這卻不是『運動本身』的畫像，因為我們擁有的依然是兩張靜態的畫。我們無法用分析理解運動過程，因為運動過程本身不是思考的圖畫可以描繪的。我們越想弄清楚，越覺得糊塗。」

聽完齊諾解釋，兩人又多問了幾個問題確認其意思後，提出了新的疑問。

友二道：「可是了解這一點，對我們來說意義是什麼？」

友一道：「對啊！我也對這點感到困惑。」

齊諾微笑回道：「弄清楚我們知道什麼，是一種知識。清楚我們不知道什麼，則是一種智慧。」

齊諾提出烏龜悖論之後，曾有許多思想家試著回答，卻不算完全成功。一直要到數學發展到無限收斂級數的概念，確定＊部分的前提是錯的，才算真正解決這個悖論。然而提出好問題來刺激人們思考，就是齊諾留給後世最棒的智慧遺產。

★後記

伊利亞學派由三位哲學家組成。色諾芬尼斯（B.C. 570-475）、巴門尼德斯（B.C. 540-470）與齊諾（B.C. 490-430）。三人中齊諾的「烏龜悖論」可能最有名的。

依利亞學派以否定變化與運動著稱，他們重存有輕變化，重思維輕感官，重精神輕物質。從今天的角度來看，完全否定運動是很奇怪的說法，所以故事的最後一段做了點個人詮釋，我將他們的觀點詮釋為討論理解事物的思考結構，他們認為理解的結構是靜態的因此無法直接理解運動。不過這是筆者個人的詮釋，僅供參考。

阿基里斯故事也參考了相關神話，本篇可以被看成阿基里斯在特洛伊戰爭中離營後發生的故事，人名都是特洛伊戰爭中的人物。後來，阿基里斯返營後殺了赫克特為帕特羅克洛斯報仇，卻也逃不過自己最終戰死的命運。

烏龜悖論的答覆要到在數學上認清「無限級數的總和並不總是無限」之後才算完整。有些無限級數的總和是有限的數，舉個例子：1+0.1+0.01+0.001+……數列的長度雖然無限，但整個級數總和為1.11111……，這數比1.2還要小。古希臘人誤以為即使是無限小的東西，只要累積無限多次，就會變成無限大。齊諾對運動過程的分析，一直停留在阿基里斯還沒追過烏龜之前的那段時間內，但這段分析無法推出阿基里斯「永遠」追不上烏龜。齊諾把對有限時間的無限分析，變成無限的長度，這是最關鍵的錯誤。

然而探索「無限」的概念本身就是冒險又充滿智慧的研究，齊諾的烏龜悖論是思想史上問對問題比答案更重要最好的例子，永遠值得後世紀念。

★思考練習

1. 簡述你透過故事認識到的阿基里斯。
2. 簡述「烏龜悖論」中阿基里斯為什麼追不上烏龜。
3. 齊諾的朋友一聽完故事後，對他提出的批評是什麼？
4. 齊諾怎麼回覆朋友一提出的問題？
5. 齊諾的朋友二聽完故事後提出的問題是什麼？
6. 齊諾如何回應朋友二？
7. 齊諾從這「烏龜悖論」推出什麼樣的結果。
8. 試著說明「烏龜悖論」的關鍵問題到底出在哪裡？試著完整回答。

STORY 3

畢達哥拉斯的麵包規矩

理性與宗教、宗教禁令、靈肉二元論、靈魂不滅、靈魂輪迴、追求智慧

★

西元前五〇五年，義大利的梅達彭提翁。

希巴索斯被一句木牌上的話給迷住了。

有神，也有人，也有像畢達哥拉斯這樣的生物。

「究竟是怎樣的生物？」希巴索斯忍不住自問。

一個月後，街角一棟大房子裡。眼神純真卻神色慌張的希巴索斯，被一胖一瘦的中年人領著，參觀畢達哥拉斯教團的教會。二十二歲的希巴索斯在被告示牌文字震撼之後，感悟到自己對生命的無知，機緣巧合遇見教團的人，遂在慫恿之下加入教團。

兩個領著他的人，較胖的是「大師兄」，較瘦為「二師兄」。

「所有房間都可以自由使用，食物與飲水也是共享的。」大師兄道。

「喔！」希巴索斯答道。

「當然，你也不可以保留私人財產。財產皆為共有、共享。」二師兄道。

「喔！」

「生活很辛苦，但也很自由。要敬重別人，更要把畢達哥拉斯師傅放在尊敬的首位。」大師兄道。

「喔！」

兩個人一搭一唱：「師傅是這個時代的聖人，不管行為或態度，你都要敬重他。」

「喔！」

「你能不能不要答『喔！』，要答『是』。」二師兄用不耐的語氣道。

「喔……對不起，是。」

「這些規矩，你一定要牢記並遵守，不可違反。」大師兄指著刻著誡命的木板，字體整整齊齊寫著：

壹、不可吃豆子。

貳、東西落下了，不可撿拾。

參、不可碰白公雞。

肆、不可掰開麵包。

伍、不可邁過門閂。

陸、不可以鐵撥火。

柒、不可從整條麵包吃起。

捌、不可採集花環。

玖、不可坐測量斗。

拾、不可吃心。

拾壹、旅行時不可行走大路。

拾貳、房簷不可有燕子。

拾參、移鍋離爐時，要抹去上頭的灰。

拾肆、不可在太亮之處照鏡。

拾伍、脫下睡衣要抹平痕跡，捲好。

「喔……是，沒、沒問題。」希巴索斯回道。

一轉眼希巴索斯在教團已經生活半個多月。教團信奉靈肉二元的教義，提倡追求靈性、貶抑身體的生活，崇尚靈魂轉世。眾人分享財產與食物，互相幫忙，過著共產式的集體生活。

除此之外，教徒們也做數學與科學的研究。研究紀錄會冠以教團之名，有時也罩冠教主畢達哥拉斯。這是種榮耀，因為對教團的人來說，教主像是神一般的存在。

追求智性與靈性本身並沒有什麼不好，但對希巴索斯來說，唯一讓他有點介意的，是他每次都會拿到別人分剩下的麵包。他對麵包相關的規矩疑惑，問了兩三人，都不了了之。他還沒見過教主，因為畢達哥斯拉正在打坐苦修。

今天教主出關，大家齊聚在教主房間的前廳等候。希巴索斯在人群中墊高腳尖，引頸張望，只見一個戴著頭巾，典型希臘鬈髮與鬍子，鷹勾鼻配上深邃雙眼的老人。畢達哥拉斯臉上皺紋比同年齡的人少很多，因為長年的苦修與吃素，身體骨瘦如柴。

二師兄想上前攙扶老師，卻被他揮手拒絕。他道：「別擔心，我還走得動。」教主聲音低沉洪亮，宛若大鐘。

大師兄用恭敬的聲調問道：「恭喜老師出關。弟子現有一要事請問：奧爾菲神廟的人下午將來參訪，需要特別準備什麼嗎？」

畢達哥拉斯回道：「不用特別準備，就依一般的禮節。我現在只想跟大家簡單聊聊。」

「請師傅跟大家分享，讓大家聆聽您的智慧。」二師兄恭敬地說道。

「聆聽智慧？」畢達哥拉斯露出寓意深長的微笑道：「智慧不是聆聽來的，而是尋找來的。沒有疑問，難有智慧。這段日子大家在生活上或思考中有遇到任何問題嗎？」

無人答腔。

「都沒有問題？」畢達哥拉斯又再強調。

希巴索斯其實有很多問題，只因為他是新人所以不敢隨意發言。他突然想起麵包規矩的問題，只是現在問或許有點不宜，可是如果不是現在問，又該哪時候問呢？一股勇氣衝上胸口，他舉了手，成了唯一提問者。

「新來的希巴索斯，你有什麼問題？」大師兄的口氣有些不悅。

「有問題很好。提出問題是尋求智慧的第一步。」教主用充滿智慧的眼睛看著希巴索斯，以柔和的聲調道：「任何問題都可以，告訴我。」

希巴索斯被師傅讚許，大師兄與二師兄妒火中燒。

「師傅，我對吃麵包的規矩有些疑惑？」

「你直說無妨。」

「誡命肆說『不可掰開麵包』，誡命柒又說『不可從整條麵包吃起』。這兩條加在一起不就等於，只能吃別人吃剩下來的麵包？」

許多人正忌妒著希巴索斯的發問，聽到他的問題時，不由得笑了出來。連原本滿是妒火的大師兄與二師兄，也在努力憋笑。

畢達哥拉斯一點也沒有嘲笑希巴索斯的樣子，反而朗聲道：「只要是經過思考，誠心發問的問題，都值得尊敬。」他用嚴肅的音調道：「這個問題明明就有人答不出來。你們卻好意思笑？」

大家收斂了笑聲。

「讓我確認你的問題：有『不可掰開麵包』的誡命，又有『不可從整條麵包吃起』的誡命，同時遵守這兩條的話，要怎麼吃一塊新的麵包。對嗎？」

「是。」

「你可能覺得掰開麵包是唯一將麵包分成小塊的方法，但事實上可以用刀子切開。」

「啊——」希巴索斯忍不住出聲，覺得自己十分愚蠢。

畢達哥拉斯繼續解釋：「用刀子能切出精準適當的大小，避免食物的浪費，產生的麵包屑也比較少，比較清潔，這是飲食的好習慣；所以將它變成誡命。誡命或教義都有其道理，禁得住進一步思考與提問。」

希巴索斯突然看見了智慧之光，自己的思考像被瞬間照亮了一般，原來誡命或教義都可以思考與提問，而他十分享受這種豁然貫通的感覺。

「還有問題嗎？」畢達哥拉斯看了其他人，但其他人都閃避他的眼光。

「我可以再問嗎？」希巴索斯再次舉手。

大師兄跟二師兄再度瞪了希巴索斯一眼。

師傅的回應仍十分溫和友善，他道：「可以。因為你提的問題很可能也是別人的疑惑。」

希巴索斯問道：「教義認為人是由靈魂與身體兩部分組成的，而且不斷強調這兩者的不同。認為靈魂與身體是兩相獨立的這想法，也有背後道理嗎？」

希巴索斯的口條更好，更有自信了。但從基本教義問起，似乎有點冒犯，弟子們竊竊私語，大師兄氣得說不出話來。

「希巴索斯，你太無禮！」二師兄怒道。

畢達哥拉斯伸手阻止二師兄。「他的問題很有意義。」意味深長地看著眾人，緩緩道：「求知欲是種靈魂的美德，你們還不明白嗎？」

希巴索斯以外所有人再度低下了頭。

「我再確認一次問題：靈魂與肉體是兩相獨立的，有什麼理由或證據？」

「是。」

「那我就來回答這個問題，希巴索斯，你見過屍體嗎？」

「見過。」

「屍體與人在身體或外觀上一定有什麼不一樣嗎？注意我是問『一定』。」

「不一定，有時候沒什麼不一樣。」

「這是第一個靈魂與身體兩相獨立的理由。如果不是靈魂的去留，活人與死人的身體有什麼差別呢？死人並不是因為身體特定部位受損，但死亡對所有死人來說是一樣，這中間一定有什麼不同。」

希巴索斯點點頭。

畢達哥拉斯補充：「不過因為我們現在還活著，這只能算是旁證。除了這點之外，還有一個跟我們的意識更直接相關的理由，也更直接反映了教團的理念。那就是我們的意識中理智與身體的衝突。」

「聽不太懂。」

「舉個例子，相信在場的各位，都有過肚子餓，卻還得禁食的經驗吧！在這個經驗中，你會明顯感受到身體的飢餓非意識所欲求。」

希巴索斯點點頭。

「在剛剛的例子中，我們能清楚意識到自己身上有兩種不同力量的拉扯，飢餓來自於身體；自制來自於靈魂。不需觀察，在我們自己的意識中就能感受到兩股力量的拉扯。」

希巴索斯開始陷入思索，不過另外一位弟子舉手。

「老師，我還是不懂。」

畢達哥拉斯回道：「不懂沒關係，我再舉個例子。相信在場的各位，都有過生病或受傷時身體疼痛的經驗吧！疼痛時你能感受到疼痛是自己不想要的，對嗎？」

許多弟子點點頭。

「飢餓與疼痛都是自我意識中理智與感覺兩方的較勁。一方來自於身體的感受，也就是飢餓或疼痛；另一方來自於靈魂的思維，這是對前者的抵抗與控制。我們既不會完全受身體擺布，也無法讓身體的感覺完全消失。我們的意識裡有兩股力量，假設這兩股拉扯的力量源自兩種不同事物是合理的。」

許多弟子點頭，對主教敬佩不了。

「老師的意思是，在這些例子中可以直接意識到靈魂與身體的對抗？」希巴索斯問道。

畢達哥拉斯回道：「是。雖然多半在苦難中才能感受到兩方力量的衝突與拉扯，但這跟友誼或正直一樣要在苦難中保有才值得欽佩。我們從苦難發現了世界真實的一面。」

許多弟子點點頭。

畢達哥拉斯補充道：「這兩者中，靈魂是平靜快樂的源頭，因為靈魂能夠透過學習，累積智慧，自我控制，並以此為樂。身體受制於環境、欲望、情緒、年齡，常處在躁動與不穩定的狀態中。如果人類在世界上的這段歷史有意義，那意義必定來自於靈魂部分智慧的累積，因為身體只會不斷地衰老朽壞。靈與肉，苦與樂，善與惡，永遠與過客，這一切都反映了理智自由的靈魂，被困限在身體的牢籠之中，這就是人類生存的真相。」

畢達哥拉斯說到此處，整個人顯得神采奕奕。希巴索斯感覺畢達哥拉斯臉上的光亮像是燈塔，照在充滿了欲望、惰性、貪婪以及肉體腐敗的海洋。雖然周圍無光伸手不見五指，燈塔的光亮卻給了個人的小船回家的希望。

畢達哥拉斯繼續說道：「身體以穀物為食，產生的快樂是短暫的，靈魂以智慧為食，產生的愉悅是永久的，這正是我勉勵你們研究數學與其他知識的主因。門口木牌上『有人、有神，也有畢達哥拉斯這樣的生物。』你們知道為什麼特別這樣寫嗎？」

弟子們紛紛搖頭。

畢達哥拉斯嘆道：「神是靈魂，凡人是肉體，而我們則徘徊兩者之間。知識與智慧能帶我向著神明彼端前進，所以要努力追求它。」

眾人紛紛點頭稱是。

「老師我可以請問您最後一個問題嗎？」希巴索斯又舉手了。

「儘管問沒關係。」

「就算接受了靈魂比肉體重要，但『靈魂輪迴』又是從哪來的呢？為什麼老師相信靈魂在世界上輪迴呢？」

弟子們又開始議論紛紛，顯然希巴索斯的問題他們從來都不敢提。

畢達哥拉斯露出了深思的表情，沉吟之後回答：「這個問題十分複雜，我先提出個簡單的類比，細節以後再慢慢談。好嗎？」

希巴索斯點點頭。

「假設你在自己搬進的房間裡找到一顆完美沒有瑕疵的寶石，這寶石不是你帶來的，而你很確定你搬進之後，沒有其他人進來過這房間。所以你會怎麼想？」

「我會覺得這寶石應該在我還沒搬來之前就在房間裡。」

「再假定這顆完美無瑕的寶石一直被放在房間裡。有一天你沒看見這顆寶石，你很確定這顆寶石出不了房間，但你也找不到這顆寶石任何一丁點兒的碎屑，那你會怎麼想？」

「這寶石應該還在房間的某個地方，只是我還沒找到。」

「這也很合理。請將『寶石』換成『靈魂』，把『房間』換成『世界』，我們生不知靈魂從何而來，死不知靈魂往何而去，找不到構造靈魂的素材，也從沒見過靈魂的碎片，認為靈魂仍存在於這世界的某處，或曾存在於這世界的某處，並非不合理的。」

聽完老師的完整解釋，大家紛紛點頭稱是。教團眾人也在這個下午，透過對話，見識到如何追求智慧，以及體驗獲得智慧所帶來的快樂。

對希巴索斯來說，這真是一段快樂追求靈魂成長的日子。不過好景不長，希巴索斯先違反教派規矩，後來因船難過世，據說這是眾神因他不虔誠所降下的懲罰。而畢達哥拉斯終身致力於哲學與數學的研究。他對靈肉二分的看法深深影響著西洋哲學的發展；另一個以他命名的「畢氏定理」一直是數學與科學思考的典範。

★後記

畢達哥拉斯（B.C. 507-495），古希臘哲學家與數學家。直角三角形「畢氏定理」的發現者。畢達哥拉斯創建一個宗教團體，他本身是教主，實行團體互助與謹守戒律的生活。

畢達哥拉斯同時具有宗教與科學的色彩，他是「古代地圓說」的倡導者之一，也是素食（甚至於禁食豆類）並倡導靈魂不滅，輪迴轉世的重要人物。希臘哲學家柏拉圖在世界的結構與靈魂方面，受到畢達哥拉斯學派很大影響。

本故事中靈魂與身體區別的論證部分來自柏拉圖《對話錄》的〈斐多篇〉後半，但絕大多數是我從文學作品的閱讀中得到的體驗。前半麵包規矩部分則是我第一次讀到教規時所提的疑問，也認為這問題相當有趣，所以將它拿來當開場。

但到了晚年，畢達哥拉斯卻成為在「第一次數學危機」中迫害新發現的人。本篇故事中的主角希巴索斯後來發現「根號2」無法以分數形式表示，卻被教團的人下令處死，成為數學史的一大憾事。

★思考練習

1. 試舉一個畢達哥拉斯教團生活的重要特色。
2. 希巴索斯認為哪兩條有關麵包的規矩相衝突，最後為什麼是不衝突的？
3. 承前題，這樣訂規矩又有什麼好處？
4. 畢達哥拉斯認為人是由哪兩部分組成的？
5. 畢達哥拉斯對身體跟靈魂的兩相獨立提了兩個理由，理由一是？
6. 畢達哥拉斯對身體跟靈魂的兩相獨立提了兩個理由，理由二是？
7. 畢達哥拉斯如何說明靈魂不死，而且會不斷轉世？你覺得合理嗎？
8. 挑選任一條畢達哥拉斯教團的規矩，自己試著提出合理支持的理由，或合理反對的理由。

STORY 4

德謨克利圖的自辯

微觀與巨觀、原子論哲學、古代原子論、唯物主義、物質與靈魂、物質與意識

★

西元前四〇三年，希臘的阿布德拉。

阿布德拉的法庭正在審理一個受多人矚目的案件，被告是當時有名的智者德謨克利圖。德謨克利圖被控「揮霍祖先的財產」。這在當時不算重罪，卻有個不太光彩的刑罰：不能在故鄉下葬，今天代表自己出庭辯護。

穿著愛奧尼亞式的長袍，大鼻子、禿頭頂，滿臉皺紋與風霜的中年男子站上辯護台，這其貌不揚的男人就是德謨克利圖。因為他智者的盛名，今日法庭座無虛席，有好意的也有惡意的，大家爭相來看他如何面對審判，為自己辯護。

主審官神色凝重，旁聽者太多，無形中也給審判人員巨大壓力，如果審判有所不公，很快就會傳言四起，在民主的希臘城邦可是嚴重之事。

主審官以謹慎的語氣開場：「德謨克利圖，你被指控繼承祖先財產一百塔侖特之後，任意揮霍，用盡財產，以至令上祖蒙羞。可有此事？」

德謨克利圖毫無懼色，回道：「繼承祖先財產一百塔侖特的確是事實，但『揮霍』二字則否，我承認使用財產，但從未揮霍。」

主審官也是阿布德拉以難纏有名的聰明法官。他回道：「那你所說的『揮霍』與『使用』二字的界線當如何畫定？」

「這界線取決於使用金錢的理由。出於正當理由者為使用，反之則為揮霍。至於理由的正當性，今天我會完整說明以供大家做出判決。」

「很好，那請你直接說明吧！」

主審官示意所有人安靜。法庭守衛以金屬長槍撞擊地面，喝止觀眾交談。

德謨克利圖首先問：「請問各位，一個人耗時學習知識、追求智慧，是否算浪費時間？」

「這自然不算。」主審官答道。

「那花費財力學習知識、追求智慧，是否算浪費金錢？」德謨克利圖直入核心。

「的確不算，不過……」主審官拉長尾音斂聚氣勢，接續道：「但我聽到的指控是『求學』的這段期間，你並非努力學習，而是四處快樂旅行。」

此話一出，氣勢倒向主審官。

謨克利圖回道：「是，這段旅行的確十分快樂，我天生愛好知識，而這是追求知識的旅行。追求知識與快樂旅行，兩者並不相衝突。」

「既然是學習之旅，想必與一般旅行不同，那可否簡單交代你的行程？」主審官緊追。

「我漫遊希臘各地，追尋哲學家的身影，接著渡過地中海，到達埃及、紅海與巴比倫平原，拜訪數學家；往南到衣索比亞，往東前進波斯與印度。在波斯結識眾多星相家，認識東方文化與宗教。我從未浪費時間與錢財尋歡，我無所不學、無所不問、無所不思。我很快樂，我的快樂來自於追求智慧。」

德謨克利圖的口才透露出豐富的學識，會場氣勢又開始倒向他這一邊。

主審官並沒有被這番話說服，只是淡淡回道：「既然你學了這麼多東西，可否舉一個你所學到最重要的學說？」

德謨克利圖思考了一下，然後認真地答道：「所有的學習中最重要的，就是我認識了路西布斯，與他一起學習並討論原子論的哲學。」

「原子論的哲學？」在場不少人覆述了這個詞。當時路西布斯並非有名哲學家，聽過的人並不多。

一位審判員走過來與主審官交換了一下意見。似乎是審判員中有人相當熟悉哲學，想要用這個主題來測一測德謨克利圖的程度。

商議之後，主審官問道：「那麼你能否簡單解釋一下原子論的哲學在說些什麼？」

看來這場審判不是形式上的審判，而是認真而深入的偵查了。

德謨克利圖淡定回道：「沒問題，我很榮幸能向大家介紹原子論的哲學。」德謨克利圖深吸了一口氣，娓娓道來，「原子論哲學從對自然的細微觀察而來。原子論者認為只要細心觀察自然，就會發現自然世界的變化源自微小組成分子的變化。一壺水不停地煮沸，久了會如何？」

「燒乾。」觀眾反射回答。

「是。各位注意過開水燒乾的過程嗎？」

「什麼過程？」

「燒水時水面會不斷冒出蒸氣，同時水位慢慢下降。這蒸氣就是很小的水滴變成的，若以碗倒蓋住蒸氣，蒸氣就會凝結成水。水是『一點一點』變成蒸氣，可見的水位變化，來自於不可見微小水氣轉化的結果。」

有些人理解，但也有些人露出苦思的表情。

德謨克利圖見大家不了解，繼續補充道：「再舉個例子，埃及尼羅河的水在夏日會變得汙濁，有人說是神明的旨意，但真正原因是夏日的尼羅河水中帶著細砂，細砂含量高時就濁，低時則清。若將混濁河水靜置，沙就會慢慢沉在水底，成為清水。河水清濁也是由更小的組成物來決定的。」

群眾中理解點頭的人越來越多。

德謨克利圖結論道：「有人說山崩是因為山神發怒，仔細研究就會發現那是山頭本身土石鬆動滑落的結果。有人說潰堤因為河神發怒，但仔細研究就會發現那是原本提防有空隙裂痕導致強度不夠。有人說中毒而死是詛咒，但這根本是中毒者食用的食物，或接觸到的物品所導致。有人說病死是死神取命，但其實是因為身體內部機制出了問題，無法維繫生命的正常運作。一個東西有問題，分解拆卸它成更小的部分才能找出真正的原因來。解釋自然現象的變化就是要將它分解成更小的部分。」

主審官問道：「以構成物來說明自然現象就叫做『解釋』？這樣解釋豈不沒有盡頭？」

德謨克利圖微笑：「這個問題太好了！分析確有盡頭，分析的盡頭就是原子論哲學的主軸：『原子』，『原子』是構成物體最小的單位。」

「構成物體最小的單位？」審判員不禁覆誦。

「是的，原子就是無法再進一步分解的細小微粒。目前無法直接觀察原子，只能推論它的存在，不可見的原子主宰一切可見事物的變化。」

一位審判員問道：「我曾聽過『元素』。原子就是『元素』嗎？火、水、土之類的元素。」

「不是。從原子論的觀點來說，原子比元素更小，元素是由原子構成，反之則不然。元素可以繼續分解，原子雖然有大小但沒辦法再繼續分解。」德謨克利圖的說法引起了眾人討論，主審官也陷入了沉思。

主審官沉吟：「原子有大小，卻無法再繼續分解，這豈不矛盾？」

「並不矛盾。」德謨克利圖自信地回答：「這裡的『無法分解』指的是事實上沒辦法，而非原則上無法想像。我們可以想像刀子切開原子，但現實中無法找到這樣的刀，因為刀子也是由原子構成的，一定比原子大。從數學的角度想像，任何東西只要有大小就能分。如果原子因為某些原因破碎，得到的也只是更小的原子，而不是另一種東西。」

主審官回道：「這樣補充似乎才合理一些。」

「原子雖不可見，但可見事物中也有與原子類似的東西：光束裡飛舞的細塵。無限多微小原子在空間中來回運動構成了所有的事物的生滅變化。整個世界只有原子與空間真正存在。所有可觀察的性質：顏色、形狀，固體或液態都是由微小原子運動產生的。」

德謨克利圖說到這裡，法庭上眾人似乎看見一個背景全黑，卻有許多浮在空中的微粒所構成的世界。這些微粒太小了，比任何刀刃都還要小以至於無法被切開。微粒在空中飄盪，相互撞擊，改變運動的方向。鏡頭慢慢拉遠，我們看到越來越多的微粒聚集在一起，越來越密，不透光了，最後我們看見樹梢上的一顆飽滿的橄欖，上面有晶亮的露水。

「為什麼所有可觀察的性質都能由原子的運動產生？」主審官的問題，再度把大家拉回現實。

「原子運動會產生衝撞力量，這力量就是我們感受物體的形狀對手指的阻抗力。鐵匠打鐵時發現溫度會改變顏色，物體顏色可能取決於原子的溫度。只要有在空間中來回運動的原子，就可以解釋物體的形狀與顏色。」

「但我們所接觸的世界，並不是只有顏色與形狀而已。」審判員回道。

德謨克利圖繼續補充道：「其他的特性依賴微小的原子更深。許多證據顯示氣味是物體散出的原子飄浮在空氣中形成，味覺是食物部分原子在口中作用的結果。這些都說明了原子在空間中的運動，就是花花世界真實的面貌。」

越來越多人懂了德謨克利圖的觀點，眾人開始討論起來。

「那靈魂呢？」另一個審判員提出問題，緊接著補充道：「智者提到靈魂不屬於物質世界，思考意識不像是物體的運動的結果，難道不對？」

德謨克利圖答道：「的確不對。從原子論的觀點來看，靈魂也由原子構成，沒有任何不是物體的東西。容我回問一個問題，思考意識如果是靈魂的活動所致，那思考意識應該不會被物體的交互作用所影響，對嗎？」

「難道不是嗎？靈魂是獨立於物質的身體的。」審判員回道。

「酒喝進胃裡，酒是物體，胃也是物體，所以這個過程是個物體的交互作用而已，對嗎？」

「是。」

「那為什麼喝酒進胃裡，會讓人意識不清？」

審判員默然不語。

德謨克利圖繼續接著道：「除此之外，頭部被重擊會讓人失去意識，撞擊當然也是物質的作用。除了假定靈魂本身也是物體之外，也會被物質運動影響之外，我想不到其他好的方式解釋。」

審判員回道：「可是思考意識『感覺不像』是物質的作用或運動。」

德謨克利圖回道：「意識不是一個簡單的物體作用，而是眾多複雜的物體一連串交互的作用。物質撞擊後皮膚的壓力觸動身體的傳導讓我們意識到痛，意識影響喉嚨的肌肉快速振動發出叫聲，這些都牽涉到許多身體器官，這是一個非常複雜的過程。一個人不能因為生物有腳就斷定他活在陸地，有羽毛就斷定能飛，正如同一個人不能因為意識『感覺不像』是物體的交互作用就說它不是。」德謨克利圖語氣堅定，話語有如鋼釘一樣打進每個人心中。

眾人又開始騷動，原本讓德謨克利圖自辯的審判，反而變成他的演說，每個人對他的學識與思維敬佩不已。

「安靜！安靜！」主審官厲聲道。大家的焦點轉回主審官。

「這裡是法庭，德謨克利圖，我們需要一個簡單的結辯。你可否簡要地陳述你無罪的理由。」

「好！」德謨克利圖開始結辯道：「德謨克利圖並沒有浪費祖先的財產，因為我用這些財產追求無價智慧。我漫遊世界的絕大部分，探索最遙遠的國度；在我同輩中，沒有人對自然的認識超過我，沒有人在哲理上的辯論勝過我。甚至，在今日無法直接討論的數學與土地丈量也未必有人能超過我。我帶著這些無價的珍寶回鄉，即使我用盡了祖先的資財，這些無形的知識卻使我的家族與這個城市獲得更多的榮耀。」

全場聆聽的民眾都忍不住為他的思維與智慧鼓掌。

德謨克利圖的結辯取得完全勝利。阿布德拉法庭不但判他無罪，並決定以五倍於他用掉財產的數字：五百塔侖特報酬獎賞他。他們將德謨克利圖當成城市的偉人，在世時就為他建立銅像。德謨克利圖繼續住在阿布拉德，以九十歲高齡離開人世。

★後記

德謨克利圖（B.C. 460-370）與路西布斯（西元前五世紀）皆是古希臘有名的原子論者。這兩個人的論點糾纏在一起，不太容易區分，但通常都以德謨克利圖做為代表。文德爾班《西洋哲學史》中認為原子論者也可以算做古希臘的系統性哲學，將原子論放在與柏拉圖與亞里斯多德相同的位置，可見其重視。

雖然基本上屬於古代思辨性的哲學，原子論可以說是唯物主義的世界觀。原子論哲學盡可能用「微觀」解釋「巨觀」，認為可見世界的種種現象都是由不可見的原子的特性與運動所主宰，而原子的差異只能用「量」來解說。這些都十分接近現代科學的世界觀。

在靈魂與物理現象的對立中，原子論採取了一種首尾一貫的邏輯，把靈魂也當做是原子構成的。本篇在討論靈魂的部分有稍稍加入一些心靈哲學中現代唯物論的觀點，但筆者認為精神相通。

本篇改編自德謨克利圖的生平，他曾吃上這場官司，也的確獲判無罪。

★思考練習

1. 德謨克利圖對控告提出的第一個辯解是什麼，你覺得這個辯解合理嗎？
2. 德謨克利圖提出快樂與追求智慧是不相衝突的，你覺得合理嗎？
3. 德謨克利圖認為認為我們應如何「解釋」自然現象的變化？
4. 德謨克利圖所謂的「原子」是什麼，簡述之。
5. 德謨克利圖認為原子有大小卻不可分，這說法合理嗎？為什麼？
6. 德謨克利圖認為可觀察的性質最後其實是由什麼產生的？舉個例子說明。
7. 德謨克利圖對「靈魂」的看法是什麼，簡述之。你認為合理嗎？
8. 德謨克利圖如何反駁靈魂的變化不是物質的作用這種說法？
9. 篇中提到的觀點，在哲學中常被稱為「唯物論」，你覺得這種說法合理嗎？

STORY 5

收學費的普羅塔哥拉斯

辯士學派、詭辯、相對主義、強者的正義、道德相對主義、宗教的不可知論

★

西元前四三三年，雅典。

雅典今日熱鬧非常。

「普羅塔哥拉斯來囉！」

「全希臘最聰明的普羅塔哥拉斯來囉！」街童邊跑邊用清亮童音叫喊。

他們身後不遠處一大群人簇擁推擠，引頸張望。人群由各種不同的身分地位的人組成，有出身不凡的貴族，有家財萬貫的商人，也有學者、律師與老師，甚至有一貧如洗的乞丐與窮人。眾人都好像迎接救世主一般，等待這位

「普羅塔哥拉斯」的蒞臨。

普羅塔哥拉斯是有名的智者，頂尖的辯士。善辯且聰明過人。據說他的口才能開釋滔天大罪的犯人；令心如鐵石的男子流淚。犀利的見解讓困惑的人茅塞頓開；苦思者豁然貫通。他曾為徒利城編過法典，也寫了一些關於宗教的論述。謠傳他具有魅惑人心的能力，就連衣角也可以醫病。

無論傳說真假，普羅塔哥拉斯在雅典颳起旋風肯定是真的。這是他第二次來到雅典，所受重視大過同領域任何人。另外，普羅塔哥拉斯講學收取高額學費，這在當時的希臘城邦非常罕見，引人忌妒。

八位壯漢抬著華麗轎子。這轎子無頂無邊，像個露天大椅子，披著華美綢緞。底端延伸出八枝長桿，搭在八位大漢肩上。轎底一大圈木框，用以隔開周圍推擠的人群。

衣飾華麗的老者安坐其上。老鷹般的雙眼，挺直的鼻子，全白俐落短髮，一臉乾淨整齊的白鬍子。身材比一般壯年之人更為健美勻稱。

窮人在一旁對老者大喊：「普羅塔哥拉斯，對我們說話！」

普羅塔哥拉斯微笑，用戴滿珠寶戒指的手向周圍揮手。年輕的蘇格拉底也在人群中，他也對普羅塔哥拉斯感到好奇。

遊行隊伍緩慢移向目的地：一位雅典富人的庭院，據說富人花了一大筆錢，才邀請普羅塔哥拉斯到他家作客。普羅塔哥拉斯稍後將在富人庭園中簡短演講。明天開始則是以高額學費講學一週。想聽免費的就只有今天。

蘇格拉底很幸運，一直卡在靠前面的位子。擠進庭園時，旁邊守衛還以為他是有錢人家的子弟。隊伍進了庭園後，富人帶著全家大小出來迎接智者。

「普羅塔哥拉斯！我的老師！希臘的智者！雅典白日的陽光依舊無法遮住你閃耀的智慧。您的光臨令蓬屋生輝。」

「我的老友，感激你熱情的招待。」普羅塔哥拉斯回道。

庭園中早已架好專用的講台。因為庭園裡的人太多了，守衛已經擋住門口，不讓陌生人進來。現在庭院裡除了蘇格拉底之外都是貴族或有錢人。蘇格拉底擠在講台旁的第一圈，簡直可以說是天上掉下來的貴賓席。

普羅塔哥拉斯換上樸素穿著，去除炫富的珠寶，目光卻更顯得更銳利，他的聲音有種穿透的力道，像把銳利的名刀。

「很高興見到各位雅典的好朋友們，今天我個人能受邀前來，實在十分榮幸。」普羅塔哥拉斯朗聲道：「各位找普羅塔哥拉斯來，為的究竟是什麼？」

「為了聆聽真理，增長智慧。」一位聲音洪亮的貴族回答道。他說完群眾不住地點頭。

普羅塔哥拉斯微笑道：「我聽過一個比喻：真理是一件被鎖在箱子裡的唯一珍寶，唯有有智慧的人能打開。而各位請普羅塔哥拉斯來雅典，正因他握有箱子的鑰匙，是不是？」

眾人再度點頭。

智者轉換表情，對大家道：「很可惜這個比喻完全錯誤。如果這是各位請我來的原因，那麼各位對我的邀請其實也是因錯誤所造成。」

「錯誤？」眾人沒料到普羅塔哥拉斯一上台居然說請他來是錯的，紛紛開始交頭接耳。

普羅塔哥拉斯環視周圍的聽眾，銳利眼神讓周圍的人不由自主專心聆聽。

「智慧的第一步是要指出最大的錯誤，拆穿最大的謊言，那就是真理是隱藏的，真理是唯一的，這若不是錯誤，就是謊言。真理既沒有被鎖起來，也不是唯一的，真理是隨手可得的東西，任何人說的任何話都可以是真的，只要符合他自己心中的尺度。人是萬物的尺度，合乎尺度的事物就存在，不合乎尺度的事物就不存在。」

「任何人說的話都可以是真的？」聽眾中有人覆誦。

普羅塔哥拉斯用堅定的語氣說：「是的。個人才是決定真理的標準，真理由每一個人決定。真假決定於個人，相對於個人，風吹在身上，你若覺得是涼的，那就是涼的。你若覺得不是涼的，就不是涼的。承認一切真理都是相對的，才是真正的智慧。」

「我不同意。」蘇格拉底發出疑問，他聲音也像一把剛出鞘的寶劍。他道：「照你所言真假取決於個人，討論事情的真假對錯又有什麼意義？」

刀劍互擊，迸出火花，群眾沉默不敢發聲。

普羅塔哥拉斯對蘇格拉底微笑道：「有意義，非常特別的意義。個人是真理的出發點沒錯，但當一群人談論什麼是真什麼是假的時候，真與假就是『說服』。強者有辦法說服其他人他的想法是對的，那就是一般人所謂的『真理』。真理就是強者制定的個人真理。追求說服別人的方法，就是智慧人的下一步。」

「真理就是強者制定的個人真理？」一個貴族對自己覆述著這句話，普羅塔哥拉斯微笑著對他點了點頭。

蘇格拉底臉上沒有任何恐懼，他朗聲回道：「我跟你的想法不同。我認為真假取決於『事實』，而非『個人』，有時或許因為資訊不足難以斷定，但每件事都有確定的真假。辯論與說服能在資訊不足時幫助我們，而非真能『決定』真假。罔顧真假，不擇手段地進行說服，本身就違背理性。」

刀劍再度互擊，迸出火花，群眾仍沉默不敢發聲。

智者正面接招，「我的意見與你相反。對一群人來說，真理完全等同於說服，『強者』的說服，『強力』的說服，與事實根本無關。既然如此，你有什麼好的方法，可以說服我嗎？」

聰明過人的蘇格拉底立刻想到一個問題，回道：「認為一切真假都由個人決定，跟你自己的說法根本自相矛盾。你口口聲聲說這種說法『真確無疑』，但立刻又說『真確無疑』只是『個人』的看法。前後比對，你根本就否定自己說出的話。」

刀劍第三次互擊，場面完全變成兩人辯論的舞台。

普羅塔哥拉斯回道：「聰明的問題值得回答。我不認為自己的說法矛盾，因為我正在說服你們。你被我說服相信這事也好，最後辯論贏過我也好，兩者都是『說服』。不過，既然你堅持世間事必有事實能定真假，如果我能舉出具體辯論實例，提供所有必要資訊，卻讓你無法決定雙方所言孰真孰假，你就願意接受我的論點嗎？」

「只要例子夠清楚，資訊夠完整。」蘇格拉底身後也有些人跟著點頭。

「好的，眾人都是我的見證。」普羅塔哥拉斯把手背在後面，胸有成竹道：「我曾教一個年輕人打官司，訂下契約，載明當年輕人打贏了第一場官司後，不管是什麼樣的官司，就得立刻付我學費。」

眾人靜聽。

「後來這個學生畢業，卻一直沒有付我學費，理由不是因為官司打不贏，而是這個人畢業後沒去當律師。他根本不打官司所以沒有任何勝訴機會。」

「這倒是一個不付學費的好方法！」富人回應，幾個人笑起來。

「的確。」普羅塔哥拉斯回道：「不過我可不能做白工。我生氣地告上法院，請學生還我學費。這是一個絕妙的主意，因為這場官司不管輸或贏，學生都要付我學費。」

「為什麼？」許多人露出疑惑神情。

「因為這場官司若贏，依照官司結果，學生應該付我學費；官司若輸，依照契約，不論何種官司，學生已經打贏第一場官司，學生應該付我學費。你說對吧，先生？」

大家都笑稱沒錯，蘇格拉底則是陷入了沉思。

「故事還沒完，這位學生也提出反擊。他認為不管這場官司的結果如何，他都不需要付學費。理由也是絕妙！」普羅塔哥拉斯刻意賣了一個關子。

「那是為什麼？」

「因為學生辯稱，如果這場官司若贏，依照官司結果，學生不需付學費。但這場官司若輸，依照契約，學生並沒有打贏第一場官司，所以學生還是不需要付學費。所以不管輸贏，他都不需要付學費。若案例中契約效力跟法官判決擁有相等的法律地位，那在此針鋒相對的例子裡，兩人究竟孰是孰非？」

有人被說服了，開始猛點頭。蘇格拉底沉默思索，他發現這個例子中雙方的理由交錯纏繞，若兩個理由地位相等，一時難說答案。因為所有人都等他答話，他只好先說：「這個例子的確具有爭議，但其他狀……」

「其他狀況？」普羅塔哥拉斯像是有預謀般立刻打斷了他。他道：「你說的跟一個輸光自己財產的賭鬼根本沒兩樣。安慰自己這把有問題，但下一把就不會輸了。不是嗎？」

蘇格拉底還是答不出話來。

「只要強到足以駁倒對手就是真理，這就是最重要的一件事。」普羅塔哥拉斯滿意地做出結論：「永遠記得，真理是個人的，但強者的個人真理卻是普遍的。成為強者，就能決定一切的規範與真理。」眾人安靜，無人能反駁他的論點。

一個有著學究氣息的貴族小聲地對旁人道：「如果只在乎辯論輸贏，不覺得有些違反道德嗎？」這話也被耳尖的普羅塔哥拉斯聽到。

普羅塔哥拉斯微笑地問他道：「請問您所說的是哪一種道德呢？」

貴族慌張地回問：「哪種道德是什麼意思？」

「各民族的道德有很大的不同。有些民族認為殺牛是不道德，有些民族認為殺豬是不道德。有些民族認為自殺的是有尊嚴的死法，有些民族譴責自殺是邪惡的行為。違反道德，違反哪一種道德？」

貴族無話可說。

「那神明呢？有人說道德來自於宗教，道德與良心都是神明的旨意。」有人再問，不過這個問題，也在普羅塔哥拉斯的意料之內。

他從容地答道：「任何人只要注意過宗教的多樣性，就不免對神明抱有疑慮。太古時代崇拜對人類有用的日、月、河流等。慢慢把有用的人事物也列入膜拜系列：穀神、酒神、牧神等。神明反映的正是生活型態的不同。感恩是好事，但若說到宗教崇拜的神明，我個人沒有把握說祂們存在，也沒有把握說祂們不存在，兩者都是極難確定的事。人類生命渺小而短暫，這妨礙了對永恆神明的知識。」

「可是有人宣稱他們能知道神明……」

「謙卑是對神明最基本的敬虔，大言不慚的神明代言者，才是騙子與最不敬神明的人。渺小的我們最好謙卑保守，承認自己對神明的無知。」

群眾又再多問了一些關於真理、道德、宗教之類的問題，不過大多是老調重彈，只是讓他把說過的內容解釋的更清楚而已。蘇格拉底沒有再發言，雖然他對普羅塔哥拉斯的說法有些不滿，不過他似乎意識到，自己現在仍無法完全駁倒他。

開始有人問如何培養說服的技巧，普羅塔哥拉斯見時機成熟舉了個精彩的法庭辯論例子，詳細講解完之後，有個僕人拿出鑼，邊敲邊大聲叫喊：「想聽更多精彩的例子與解說？歡迎成為普羅塔哥拉斯老師正式的學生，讓你的思考銳利，口才進步。老師這次來雅典的行程只收三十位學生，現場報名前十位學費還有優待。」

語畢眾人立刻爭先恐後去報名，擠得水洩不通。蘇格拉底一臉不屑地看著得意的普羅塔哥拉斯，轉身離開庭園。

普羅塔哥拉斯神情愉快地坐在為他準備的華貴椅子上。拜服在他腳下的人們為他帶來了財富與榮耀，普羅塔哥拉斯七十歲過世於往西西里島的船上，柏拉圖稱他死時聲勢極隆。

★後記

普羅塔哥拉斯（B.C. 490-420），古希臘哲學家，詭辯學派中最具代表性的人物。

辯士是當時古希臘特殊的身分，身兼哲學家、演說家、專業教師甚至是律師等職業於一身。辯士共同特色是否認客觀的、絕對的真理，主張真理取決於具體的辯論與個人利益。柏拉圖在《對話錄》中對辯士學派多有描述批評，也因此讓我們更清楚他們主張的全貌。

著名的辯士有普羅塔哥拉斯、葛爾奇亞斯等人，他們常常是重要政治人物的顧問，普羅塔哥拉斯編過一套法典。普羅塔哥拉斯強調知識取決於個人感知，對他來說，所有的想法都可以相對於某人來說是對的。這種觀點哲學中又稱為「相對主義」，相對主義在哲學中常代表不好的風評，但的確也算是某種處世的智慧。

「強者即真理」或許是這種論點一個不好的結果。這個故事構想於普羅塔哥拉斯二度到雅典，但故事中反對他的蘇格拉底也是這個時代的雅典人。不少例子如風涼與否，或學費辯論的例子皆出自於《對話錄》。另外，「強者即真理」也是柏拉圖在〈理想國〉篇裡中透過蘇格拉底的口要反駁的辯士論點。

最後道德懷疑論與宗教的不可知論部分可能不是普羅塔哥拉斯的主張，有其他辯士的意見在其中，但為了增添風格，將它歸之於故事中的人物。

★思考練習

1. 普羅塔哥拉斯說智慧的第一步是什麼？
2. 普羅塔哥拉斯指出真理不是唯一之後，提出了何種看法？
3. 普羅塔哥拉斯認為當一群人討論真假時，什麼是真理？
4. 蘇格拉底與他的看法不同，蘇格拉底的看法又是如何？
5. 普羅塔哥拉斯用來反駁蘇格拉底的官司例子，試著用自己的話複述一次。
6. 普羅塔哥拉斯對「道德」有什麼看法，你同意這種看法嗎？
7. 普羅塔哥拉斯對「神明的存在」有什麼看法，你同意嗎？
8. 普羅塔哥拉斯對真理的想法，跟蘇格拉底提出的想法完全相反，你比較支持哪一個？

STORY 6

街頭的蘇格拉底

辯士學派、蘇格拉底、對話法、相對主義、客觀主義、無知之知

★

西元前四一四年，雅典城。

西元前四三〇年，希臘城邦的雅典與斯巴達各自率領一群城市爭奪希臘世界的霸主，開啟前期的波羅奔尼薩戰爭。波羅奔尼薩同盟的盟主斯巴達以精強的方陣兵聞名，提洛同盟的盟主雅典則擁有剽悍的海軍，雙方互有勝負地周旋戰鬥了九年，最後因兩敗俱傷於西元前四二一年締結「尼西阿斯和平條約」。

然而，聰明的希臘人非常清楚這個條約只是暫時性的。雅典與斯巴達依然各懷鬼胎，正蓄積力量等待一口氣打倒對方的時機。這是個和平如泡沫般包裹著戰爭的危險時代。戰爭讓雅典人失去了自信，又盲目地崇信力量。

雅典街頭有個其貌不揚的老人，圓臉上掛著扁扁的鼻子，細小的眼睛，黏貼上一嘴白鬍鬚。五官已經夠不迷人了，位置還集中在一張大餅臉的正中央，滑稽的長相更勝喜劇丑角。臃腫的他有個肥胖鼓起的大肚子，衣飾簡單素樸，鞋子是破舊草鞋。外表雖不討喜，老人的表情與動作卻散發出一股和善而誠摯的氣息，不但不讓人討厭，反讓人感覺很容易親近。

老人在街上大喊道：「哪位可敬的市民，關心自己的靈魂，請來跟蘇格拉底對話吧！」

蘇格拉底的聲音有些尖銳刺耳，口氣卻誠摯動人。路人不少，有人放慢腳步打量著，卻沒人真停下來與他對話。

「智慧之城雅典的市民啊！你們每一位都聰明絕頂，身懷各色專業知識。可是除了戰爭、法律或醫藥之外，各位一點也不關心自己靈魂的需求，多思考自己追求的價值是否正當嗎？難道你們認為這些不重要嗎？」

駐足與竊竊私語的人變多，卻仍無人停足與他談話。

蘇格拉底竭力喊道：「專業知識雖然重要，卻不能替代每個人自身的幸福。一個人的價值觀往往決定了他幸福與否，這一樣是需要認真思考的。」

終於，有個穿著昂貴合宜的陶力克式長衣，身材高壯，雙眼充滿自信的中年男子走到蘇格拉底面前，對他說：「蘇格拉底，我聽過你的大名。」

男子語氣聽來不甚友善，但蘇格拉底仍帶著謙和的笑容，以友善的語氣回道：「睿智的先生，以我不甚好的記憶推測，我們應該是第一次見面，如果不是，就請原諒我的愚拙與老朽了。」

男子冷冷回道：「我們是第一次見面。我只聽過你，從沒見過你。」

「請問如何稱呼？」

「波魯斯。」

「那波魯斯先生，請問您是在什麼樣的場合聽見蘇格拉底的趣事呢？」蘇格拉底試著尋找一個輕鬆的開場。

「趣事？」波魯斯拉長語尾，像是要聚集眾人的注意力一般。「不是趣事，是不好的風評。有人說你能言善道，顛倒是非，不是守秩序的公民。還有人說你戰爭時畏縮不前，偷懶貪杯，不像真正的軍人。」

波魯斯公開詆毀蘇格拉底，圍觀眾人開始竊竊私語，流言四起。

蘇格拉底苦笑道：「這些說法還真出乎我意料……」

「不是這樣！」蘇格拉底的話被一個年輕的聲音打斷。「這不實！蘇格拉底先生絕非這樣的人！」一名路過的士兵碰巧聽見對話，不請自來地加入，他的聲音洪亮，引人注目。

「這位先生，你怎麼知道他不是這樣的人呢？」波魯斯不慌不忙地回道。

士兵道：「我叫阿爾西比亞德思！我曾與蘇格拉底先生在同部隊作戰，這乃是我親眼所見。」阿爾西比亞德思說話的口氣十分激動，任何人都不會懷疑他的真誠。而且在古希臘親眼證言是最有力的證據。

阿爾西比亞德思道：「戰爭中大家都很清楚蘇格拉底先生的勇敢、堅忍與自律。有次在冰天雪地的高山上行軍，所有人都因草鞋不夠暖和而抱怨，有個人光腳比一般士兵走得還快，那就是蘇格拉底先生。」

「或許他是喝多了也不一定。」波魯斯回道。

阿爾西比亞德思回道：「說蘇格拉底先生貪杯更是空穴來風。甚至在大家慶功醉酒的場合，他是唯一清醒警戒守望的人，蘇格拉底先生的意志力、正直與節制在軍旅中不只一次鼓勵大家渡過難關，這怎麼不算是真正的軍人？」

在這段證言被熱血地報導出來後，關於蘇格拉底的流言終被駁斥。

「我的兄弟，謝謝你為這老朽的身體挺身而出。」蘇格拉底用力地握著阿爾西比亞德思的雙手，眼中滿是感激之情。

「我說的都只是事實，蘇格拉底先生，很榮幸能再見到您，但我正被緊急徵召要到外地去，不然，我很願意同您談話。」

「別多說了，我的兄弟，近來局勢緊張，此去路遙險阻，你一定要保重。」兩人交換城內住所後互道珍重，阿爾西比亞德思先離去。

波魯斯居然沒離開，蘇格拉底繼續回來與他對話。

「波魯斯先生，您對我還有其他的疑問嗎？」

「剛剛他只反駁了一半，至於能言善道這件事他可沒提。」

「請您仔細思考，如果傳言能捏造戰爭中的我到如此的地步，那麼另一段的描述有可能是不多不少，恰恰好真實無誤嗎？」

波魯斯沉默，一旁的民眾紛紛搖頭。

蘇格拉底接著道：「我們觀察到的是說謊的人總是說謊，說實話的人總說實話。我們的話語彼此關聯著，真話能關聯著推出更多真話，假話能關聯著推出更多假話。」

圍觀的眾人點頭，認同蘇格拉底。

「不過依剛剛的表現看來，您的確相當善於說服。」波魯斯仍繼續回擊。

「你所感受到的說服力來自於思考，而非能言善道。這裡有些認識我的鄉親，可做證人，蘇格拉底不善詞藻是公開的事實，我曾主持過會議，卻因發言不得體公開出糗。」

一旁有人開始點頭起來，看來蘇格拉底所言不虛。

蘇格拉底補充道：「我擅於一對一的談話，卻不善於一對多的演說。」

「這兩個不一樣都是說話嗎？我還是看不出有什麼差別。」

「好，那我就來點清。言語能說理也能載情，我擅於前者而拙於後者。我不擅長演說，特別是一對多，以情感為主導，以說服為目的的演說，這需要經驗、辭藻、台風以及機智。但我很願意一對一以理性態度對話，這種對話讓雙方邊聽邊思考，相互辯論修正彼此的看法，卻不強迫兩人意見相同。一對多演講重點是感動與說服，一對一談話重點則是培養理性與思考。與其等著被感動說服，主動培養智慧不是更重要嗎？」

這段解說很淺顯，連旁聽群眾都點頭了，聰明的波魯斯自然了解。他回道：「從你的發言看來，你好像很喜歡批評辯士學派，可是我欣賞辯士們的世界觀。強者制定一切的真理、規範與價值，我覺得這是符合事實的。」

「你相信一切的真理、規範與價值都是強者制定的？」蘇格拉底確認道。

「是，我認為這價值觀符合雅典的歷史，我們在競爭之中成長強壯。強者能訂立價值、制定規範與掌握未來。」

「你曾思索過這看法的合理性嗎？」

波魯斯回道：「這當然。我認為這看法既合理又合乎事實，強者支配並訂立一切的規則，不管是知識還是道德的準則。世界除了強者訂定的規則之外，一切都是虛假。」

「但就我看來這說法恐怕大有問題。」

「什麼問題？」

「我先確認幾個說法。首先，強者的意思是優於眾人，能遂行己欲，訂立價值與規範的人們嗎？」

「是。」

「那請問強者制訂的準則有可能是錯的嗎？」（以下「準則」泛指「價值」與「規範」。）

波魯斯脫口前突然頓了一下，接著答道：「蘇格拉底，如果你想引誘我說出強者訂立的準則也有對錯可言，那你就太小看我的思考能力了。這些準則本身沒有對錯，反而是，所有善惡對錯都是這些準則而來，強者能把自己的意志強加於一般人的身上，一般人信奉的準則其實來自於強者的規定。」

「那我問您，『強者』能夠身居此位，必定是因為他本身有優越之處，比方說思考、口才、或魅力，對嗎？」

「強者本身當然有其優越之處，這些優點使得他能贏得其地位。」

「既然如此，那強者對於自己的優點，應該是有所意識的才對，對嗎？」

「是的，強者能意識到自己的優點，並以此與他人競爭。這算是他能出眾的主因。」

「是的，可是一旦強者有這樣的自我意識，表示他已經掌握到一些重要的價值與道理：他至少知道自己的優勢在哪裡，也了解應依此與對方競爭。他本身的優點與競爭的道理都先於強者制訂規則這件事。因此，絕不可能『一切』的價值、規範或者道理都是由強者訂制的，不是嗎？」

蘇格拉底此問一出，波魯斯呆了數秒之久。他沒意識到強者的「強」本身就代表了某種優越的價值。蘇格拉底的批評直入核心。

蘇格拉底補充道：「或許我解釋的不夠清楚，我再換個方式，強者是會像無頭蒼蠅般亂衝，還是有能力去追求對他好的東西，避免對他不好的東西？」

「強者應該要有區辨好壞的能力。」

「既然強者有區辨好壞的能力，表示除了他制定的價值與規範之外，另外有一些區辨好壞的基本原則，這些原則不是他訂的，卻是他掌握著並好好利用的。照我看來一個人是強者正是因為他追求的是具有高尚價值的事物。」

蘇格拉底緊抓著強者的「強」必定預設了某種正面的價值。旁邊的人也聽懂了，紛紛點起頭來。波魯斯得想辦法扳回一成才行。

「蘇格拉底，你的語言的確十分犀利，難以招架，不過卻還沒有到不可反駁的地步。」

「請您指教。」

「你剛剛的論述假定了強者非得要強才能勝出。你抓著這點攻擊我，迫使我承認，除了強者訂立的準則之外，仍有其他準則存在。可是現在我要放棄這一假定。難道我們不能說強者就恰恰是那些制訂一切的人，有一些人根據自己的想法制訂了一切的價值、規範或規則，所以我們就稱這些人為強者嗎？」

「可以，但你確定這才是你想提出的說法嗎？」

「是，這才是我想提的說法。」

「即使這樣修改，這個說法還是不合理。」

「還是不合理？」

「這說法雖能避開原本的問題，但卻會產生新的問題。」蘇格拉底有自信地答道。

「請你說明。」

「依照這說法，在這種想法下強者的『強』字也沒有意義了，它指的不過就是『制定者』，強者可以在最後制訂規則前被弱者殺死，這樣最後一個坐下的人就成了強者。這樣的世界一切規則的建立都是意外的、偶然的，競爭勝出者並不能被稱為強者，頂多是『幸運兒』。這不是推崇強者，只是推崇幸運兒。這種思想發展的結果最終是反進步與反智慧的。」

「這樣是反進步與反智慧的？」

「是，因為追求的不是真正的優越，而只是等待一個制定規則的機會。這也是辯士最大的矛盾，他們一方面認為強者出眾所以制訂了一切的價值與規範，一方面又認為強者制定的規則是一切判斷的基礎。如果強者出眾是事實，那表示有獨立於強者的價值存在；但如果這不是事實，誰制訂了誰就是強者，那表示價值概念完全是任意的，強者的強根本沒有意義。所以我才說強者制定一切的規則，這個想法是有問題的。」

波魯斯認真思考之後，慢慢意識到當中的問題，終於了解蘇格拉底反駁的意義。

「所以在這些問題上，您的意見是？」為蘇格拉底的聰明所折服，波魯斯連語氣都開始恭敬起來。

「承認有知識，承認有好的價值才能解釋雅典的智慧與先進。追尋有價值的事物或許不易，但不應被放棄。追尋知識與好的價值的人才是真正的強者。辯士們藏私讓人們不去追求有價值的事物，不再深入思考，結果反而更愚蠢淺薄，與他們差距越來越大，更容易被他們操弄。我與他們的見解剛好相反，我希望透過對話，讓每個人對好的價值有興趣，而且更聰明更善於思考。」

波魯斯過去一直抱著能說服別人就是聰明人的想法，結果反而掌握不到說服別人的方法，即便偶爾成功也像意外產生的結果一樣。他從來都沒有意識到原來自己的想法是可以透過認真思考而進步成長的，蘇格拉底的話開啟了他這道成長之門，像是新奇的冒險。

「其實思考的學習與成長，有其訣竅。」蘇格拉底又提出了新的主題。

「請問這訣竅到底是什麼？」

「訣竅是抱著『無知』的態度去追求。無知是了解到自己的有限，又以不放棄的態度去追求真理與價值。神廟之所以稱我為最有智慧的人，正是因為我了解自己的有限，卻仍孜孜不倦地追求一切。」

「了解到自己的有限，卻仍孜孜不倦地追求一切？」波魯斯回道，這句平凡無奇的話卻似乎瞬間點亮了他的心。

「是的。無知的態度能讓你的思考越來越豐富完整，這是一種深沉的的智慧。現在我們的國家，正處於一種虛假的和平狀態下，盲目地追求著權力與勝利，沒有深沉智慧的引領，終究會給美麗的雅典帶來真正的傷害。」

蘇格拉底的擔心並非空穴來風，隔年，雅典與斯巴達重啟了第二期的伯羅奔尼薩戰爭。西元前四〇四年雅典戰敗，提洛同盟解散，結束了雅典在古文化中的霸權。而對雅典文化不滿，不斷忠言逆耳的蘇格拉底，也在西元前三九九年被控以不敬神明與腐化青年，被判死刑。

★後記

蘇格拉底（B.C. 470-399）是西方哲學史最聞名的哲學家，其至高無上的地位相當於漢語文化圈中的孔子。

蘇格拉底沒有留下任何著作，有關於他本人的言行，是透過他人的紀錄而來。羅素在《西方哲學史》中稱「我們不知道關於蘇格拉底所知是多還是少」，正因為無法確定這些紀錄是忠於蘇格拉底言行，還是作者藉著別人之口說自己想說的話。

但若不憑藉這些資料，我們也無法認識蘇格拉底。由於本教材關注思考，目的不在徹底考究歷史，因此作者根據柏拉圖《對話錄》中的〈理想國〉篇的描述構作了這個故事。這個故事可以被視為反駁〈收學費的普羅塔哥拉斯〉中辯士的主張。

這篇中對手「波魯斯」是一位辯士的名字，借用其名字來構做虛構的對手，並非歷史中人。「阿爾西比亞德思」則是柏拉圖在〈會飲〉篇中的人物，因為這篇該人物曾提到蘇格拉底在戰爭中的勇敢表現。關於蘇格拉底的結局，請參考接下來的故事：〈蘇格拉底的最後一天〉。

也因位參考的是柏拉圖《對話錄》而來，你也可以將故事中蘇格拉底的想法視為柏拉圖本人的想法，因此你不可不看下一篇〈柏拉圖的逃亡〉。

★思考練習

1. 關於蘇格拉底戰爭表現的流言是如何被破除的，簡述之。
2. 蘇格拉底如何描述自己的口才？他說自己擅於什麼？不擅於什麼？
3. 波魯斯認為什麼是幸福？他認為價值與規範是從何而來？
4. 蘇格拉底如何說明，強者制定一切的規則其實有問題的說法。（步驟一）
5. 蘇格拉底如何說明，強者制定一切的規則其實有問題的說法。（步驟二）
6. 蘇格拉底自己對真理與價值的看法又是什麼？
7. 蘇格拉底說讓自己思考成長的祕訣是什麼？
8. 你比較喜歡蘇格拉底還是辯士學派？

STORY 7

柏拉圖的逃亡

柏拉圖知識論、感官知識、實用知識、理性知識、洞穴喻、心靈自由

★

西元前五世紀，雅典附近。

柏拉圖是洞穴人，他爸爸是洞穴人，自然他也是。終生生活在地底洞穴或礦坑裡的洞穴人，是種視陽光為仇敵的種族。雙眼畏光、雙腿卷曲，脊椎彎得像把弓。他們是人，生活方式卻像極了地底的昆蟲。

十四歲的柏拉圖還沒見過任何地表的動物或景色。他的生活環境只有岩石、泥土與礦砂。據說，陽光對洞穴人有害，但陽光下的東西則不盡然。犧牲奉獻的洞穴人首領會用地底礦砂與奇石，向地表居民交換生活物資，雖然地表居民也不確定洞穴人到底算不算人類。

「呼嚕——我跟你說……」洞穴人說話喜歡加個「呼嚕」當發語詞。他們得終年辛苦忙碌方能得溫飽，不過這時代所有平民都一樣。洞穴人有個明顯的思考習慣：「純粹的知道」是沒有意義的；除了生活中可見可用的想法之外，其他皆為多餘。人不應只為了想知道而求知，重要的是在洞裡實際能用的知識：哪裡有個坑，哪條路往哪個洞這類具體知識。

洞穴人不喜歡深入思考，也不檢視事物背後的成因。如果真有人認真思索提出問題，他們會說：

「呼嚕——你想太多，我不喜歡把事情弄得這麼複雜。」

「呼嚕——問問題對實際生活又沒有用。」

「呼嚕——我有錯？先在洞裡跑贏我再說吧！」

總而言之，洞穴人認為超出可見與實用範圍以外的一切都是沒有意義的。這種態度是他們為自己設下的一道牆，阻擋了進一步發展的可能。

最近，因為洞穴人越來越多，越來越難控制，洞穴人首領考慮提供一些「娛樂」，紓解擁擠的緊張。

首領有兩個親信，其中一人提到在與地表人交易時，發現附近破棄神廟中有些動物形象的雕塑品，提議利用它們。

「我們給他們這些雕塑品當禮物。」親信一說道。

親信二回應：「不行，東西一給出去就沒了，要是他們再要，你想去哪找新的？」

「那我們展示這些，只能看，不能碰。」

「但他們還是可能衝上來弄壞東西。」

「我有個更好的主意。」首領表情得意，對兩人道：「絕對不會弄壞東西，又可以讓他們開心——我們給他們看這些東西的『影子』。」

「影子？」親信二回道。

「沒錯。光是這些東西的影子，他們這輩子都是第一次看，他們對光影十分敏感，一定會感到有趣的。」

「可是我們要怎麼不讓他們看見這些東西，只看見影子？」

「這你不用擔心，我自有妙計。」

首領聰明的計畫馬上實行。他們空出一個有著大片牆壁專門觀賞「影子戲」的房間，讓洞穴人排排坐在房間中。在後方升起火堆，再向洞穴人嚴正警告：「呼嚕——古書中說過，如果看『影子戲』中途回頭看，會被詛咒而死。」

這說法十分實用，反正也沒有人會問為什麼。

這天晚上，洞穴人都十分醉心於這新娛樂，他們看著雕塑品的影子在燈火下搖曳，歡天喜地，驚嘆不已，到了如癡如醉的地步。奇形怪狀的影子開啟了他們的新世界。他們接下來一整週的話題都是這些正常人一次就會看膩的「影子戲」。

「呼嚕——影子戲真是太精采了！我有看到ＯＯＸＸ，你還記得嗎？」

「呼嚕——太精采了，怎麼可能不記得ＯＯＸ！」

洞穴人用充滿矛盾的方式討論著，因為大部分人連討論的東西是哪一個都說不清。

兩次表演過去，參加者依舊狂熱，這已經可以算做他們的祭典。柏拉圖也是狂熱者中的一個，不過他似乎有點意識到，需要確認討論的東西到底是「哪一個」，而非直接用言語追逐在火光中變化萬千的黑影。柏拉圖開始問首領這些到底是「什麼」，但首領並不想認真回答。

「呼嚕——那是什麼？」柏拉圖問道。

「一棵樹。」首領答道。看戲的洞穴人都為首領的博學而歡呼。

「呼嚕——那個是什麼？」

「一匹馬。」洞穴人再次歡呼。

首領敷衍亂答，反正沒人記得答案。但聰明的柏拉圖用圖畫記下每一個影子，重覆發問，很快就發現首領的唬弄。

「呼嚕——那是什麼？」柏拉圖問道。「一匹馬。」首領答道。「你上次說這是一棵樹。」柏拉圖追問。「我沒有。」首領回道。

「呼嚕——那是什麼？」柏拉圖問。「一隻鳥。」牆上仍映著同一個影子，柏拉圖後退了兩步，裝成另一個聲調大聲問道：「呼嚕——那是什麼？」首領回道：「一隻烏龜。」

柏拉圖把這件事同幾個朋友私下討論，得到敵意的回應。

「呼嚕——柏拉圖你很奇怪，首領說是就是了啊，你又沒有比較懂。」

「呼嚕——有時間想這些還不如認真工作。」

「呼嚕——跟大家意見不一，讓你覺得你很聰明嗎？」

腦袋開始運作起來的柏拉圖突然開始對「呼嚕」感到不耐煩，這根本就只是個這個沒有意義的發語詞。

首領並沒有特別在意這件事，他自影子戲上演以來就偷偷刪減了分配給大家食物，卻無人發現。他變得越來越肥胖，越來越驕傲。另外，他的親信們也因為相同的原因開始鬆懈。

這天，好奇的柏拉圖發現首領的私人倉庫附近的地上，有些大型物件搬動的痕跡，聰明靈巧的他趁機溜進了倉庫。一進門就發現了影子戲的「主角們」。

「果然是這些！」柏拉圖依形狀認出這些就是影子戲所觀看的實體。

「比我想像得更精巧。」

柏拉圖看著這些東西迷人的顏色，這比影子好看多了，他伸手摸著雕塑品細緻的紋理，天然岩石不可能有的滑潤感覺。他原本應該更興奮與激動，不過空氣中一種不熟悉的特別氣味分散了他的注意力。

今天不知道為什麼，地表傳透進來的氣息特別濃厚。柏拉圖走出房間，追尋著氣味的來源。他穿過了長長的走廊，看見一個透著光的洞穴出口。出口彷彿等了很久一般，呼喚著柏拉圖。柏拉圖自己也不明白為什麼，有股想衝出洞口的衝動。洞穴人被教導光不但對眼睛與健康都有害，直接照射到陽光將導致死亡，但這是真的嗎？

「不知道，但還是想去看看。」他對自己說。

莫名的勇氣領著柏拉圖到了洞口，鼓勵著他探出頭。

「看一眼就好。」

柏拉圖從洞口探出頭，一陣亮眼天光照進他的眼睛，身體因光的反撲受到強烈震撼。巨大變化使他雙腿一軟，仆倒在洞口。

溫暖的陽光擁抱他全身，依傳說應該死亡的柏拉圖，毫髮無傷倒在地上，正慢慢甦醒。他的鼻子裡充滿了泥土、青草、花朵以及太陽光的芬芳。

柏拉圖試著慢慢睜開眼，各種沒見過的顏色從四面八方鑽入，萬紫千紅，爭奇鬥艷，讓他什麼也看不見。但他心裡湧出一股想看清楚的渴望，他勉強自己睜眼繼續盯著扭動的色塊，邊摸索邊站起來。他越來越確定，自己的眼睛能夠習慣新的世界。

首先映入他眼中的，是一片碧草如茵，清翠欲滴的青綠草地。新鮮翠綠的顏色，帶給他的雙眼無比舒服的體驗。沿著草地看出去，一望無際，碧色千里的遠方，有他這輩子第一次看到的地平線奇景。他的視野慢慢放遠，綿延的地平線，將整個草原的綠色筆直拉平。緊接著地平線後面，則是天高雲淡、艷陽高照的夏日藍天。柏拉圖從來沒有把視線投到這麼遠的地方過，雖然有點不習慣，但他還是忍不住，因為這壯麗的景色太吸引人了。

呆呆望著遠方許久，柏拉圖開始注意到細部的景物。洞口旁邊有一棵蒼翠挺拔的綠樹，旁邊圍繞著鬱鬱蔥蔥的青草叢，草地、草叢與綠樹三層綠色對比讓他的眼睛舒暢無比。綠樹後方不遠處，斜躺著一泓水天一色的靜湖，映著天光，柏拉圖無語可以形容。

柏拉圖心中突然閃過一絲不安的感覺，第六感或許是他天生的武器，他立刻跑到一旁的草叢躲藏。兩個首領的親信從洞穴裡走出來。

「我們再把笨蛋的食物刪掉一些吧！首領都吃得那麼胖了。」「好啊！反正他們也不在乎，多虧了什麼影子戲。」「是啊，真是一群白癡。」「去雅典輕鬆一下吧！」兩名親信一邊聊天越走越遠。

柏拉圖動動自己的雙腿，很自然挺直了背，雖然經過太久的扭曲，但他還年輕，身體還具有很好的適應能力。不過他不敢跑遠，對他來說，這個世界太美也太大了。

他坐在湖邊貪婪地享受美景，直到夕陽西下，夕陽的天空如一段染橘的金色織錦，又像一抹胭脂，再度讓他驚訝得久久無法自已。日落之後進入無光的黑夜，照理說這是他最熟悉的景色，洞穴人都能在黑暗中視物，但外面世界的空景，顏色，還有風都對他的視覺造成很大的衝擊。現在黑暗中他反而看不清楚了。不知道能做什麼的他，在湖邊睡著了，卻被出來打水的首領親信逮個正著。

「這個洞穴人怎麼會在這裡。」親信一問道。

「不知道，他們從來沒跑過這麼遠過。」親信二答道。

柏拉圖被帶回了洞穴，聰明的他裝出失心失神，無法正常說話的樣子。

「他好像怪怪的。」親信一說道。

「對了，他以前就怪怪的。」親信二回應。

這次柏拉圖跑出去的事件，就以失神洞穴人走失收場。反而被用來教育大家不要輕易靠近洞口。柏拉圖一心等待大家淡忘這事，他不斷回想外面的世界，作為自己最大的安慰。

但他身體卻起了變化，曾在地表站直的身體，突然覺得在狹小的洞穴中彎身行走很不舒服。另外，曾經看過外面世界的眼睛，變得很難忍受洞裡的陰暗與濕氣。曾享受過微風與青草味道的口鼻，連在洞裡呼吸都開始變的比較吃力。他動作變得緩慢，有些人覺得他偷懶，有些人覺得他生病。

一週之後，他開始跟其他地底人溝通。

「呼嚕——剛剛的影子表演好不好看？」某洞穴人對柏拉圖道。

「一點也不好看！」柏拉圖回道。

「呼嚕——你怎麼變了個人，你以前很喜歡啊。」

「我發現更有趣的事了。」

「呼嚕——你說話為什麼都不『呼嚕』！」

「先別管這個！我跟你說，影子表演是騙人的，後方有人搬著東西，讓影子照向前方。你們以為快樂的，其實全是欺騙。」柏拉圖已經不想解釋呼嚕的問題。

「呼嚕——怎麼可能，你瘋了？」

「重點是洞穴外面有個無限美好的世界，比影子美麗千百倍。」

「呼嚕——真的嗎？」

「真的，我知道怎麼出去。」

有洞穴人忍不住譏笑。

「呼嚕——你們怎麼相信他說的話，他前陣子怪怪的。」

「呼嚕——他最近走路很慢還常撞到人。」

「呼嚕──你動作都笨笨的還想說服我們。真好笑。」

「我不是笨，我只是受不了這環境。你們只是因為習慣所以比較靈活，事實上你們根本不知道真相……」

「呼嚕──『真相』是什麼意思，我們不知道。我們只知道你不合群、動作慢、愛偷懶、愛跟別人說不一樣的話、還變成白癡過。你覺得你比我們聰明，我們才沒你想那麼笨會去相信你！」

「呼嚕──他說的對！大家聽我說，從今天開始，我們再也別跟這個不說呼嚕的人說話。」

洞穴人從此一句話也沒跟柏拉圖說過。不過柏拉圖並不在意，他好像突然明白什麼是「心靈自由」。

「心靈的自由就是掙脫自身的有限，了解更真實更美好的事物。」他越想越得意，笑了起來。

「呼嚕──柏拉圖發瘋了。」

儘管被眾人視為瘋子，被眾人疏離，柏拉圖堅信他看到的真實與美好，並找尋機會做好離開的準備。不過他還是希望有機會，能帶其他的人一起走。

在下次影子表演時，柏拉圖挑了首領不在的空檔，站起來對大家說道。

「呼嚕——大家請聽我說！以下事情非常重要！請一定要相信我！」柏拉圖迫不得已使用了「呼嚕」，他希望大家聽他說話。

「呼嚕——柏拉圖你想說什麼？」

「這一切都是假的，騙人的，影子戲就是最明顯的欺騙。」

「呼嚕——欺騙？」

「我可以當場證明給你看，首領說看影子表演時，回頭看會死嗎？」

「呼嚕——你要怎麼證明？」

「我會在表演中站起來回頭揮手，證明這是謊言。」

柏拉圖此言一出，大家爭論四起。不過首領剛好進來，進行下一場影子表演，有些洞穴人多看了柏拉圖兩眼，似乎有點相信。

影子表演進行時，柏拉圖抓住空檔往後揮手給大家看，不過全場的洞穴人，眼睛都緊盯著影子戲，沒有一個人把眼光放在他身上。看完影子戲後，大家仍繼續討論著影子戲的精彩與否，沒有人記得他曾站起來對大家說話。

直到人都快走光的時候，有一個洞穴人走過來對他說：「呼嚕——你所說的東西，根本一點用也沒有。我們只要自己的快樂就好了，根本不在乎你所說的真相。」柏拉圖終於明白，想說服膜拜著拘禁自己的人，是不可能的。

今夜，柏拉圖數著大家的呼吸，過去幾晚他歸納出了大家睡得最熟的時間，而且這時巡邏的守衛也只有一個人。

柏拉圖摸到最靠近洞口的藏身處，緊貼著岩壁，屏住呼吸，不讓自己發出一絲聲響。他在心中祈禱著：「地底的諸神，真世界的諸神，或任何聽見我的諸神，請保佑我，我必以真誠的心靈，我所有的財產與性命，來換取一次重新認識世界的機會。」

守衛從他前方兩公尺處經過，柏拉圖藏得很好，守衛沒有發現他。

萬籟俱息，夜深人靜，洞口傳來夜來香的芬芳。沒有人看見，柏拉圖邁出他的一小步也是一大步，離開他十四年來生長的洞穴，雀躍地追逐著星羅棋布的夜空。

柏拉圖不知道明天自己能夠吃些什麼、喝什麼，或者晚上要住在哪裡。不過，此刻的他的心中充滿欣喜，沒有一絲憂慮或恐懼。

★後記

柏拉圖（B.C. 427-347）是古希臘著名的哲學家。蘇格拉底的學生，亞里斯多德的老師。他創辦的雅典學院，在西方教育史上有非常崇高的地位。

柏拉圖是古希臘第一個系統性的哲學家，作品討論內容非常豐富，從知識的型式、宇宙的創生、靈魂的不死、理想的國家、愛情的本質、藝術的概念等幾乎無所不包。柏拉圖又使用一種非常具有文學趣味方式，他並不直接論述而是用各種故事與對話來展示哲學概念。柏拉圖的《對話錄》中的靈魂人物是蘇格拉底，蘇格拉底在不同場合與各種不同想法的人交談，形成了富有哲學思考的精采對話。這些精彩富哲思的對話，給了後世無限的啟發，使得他的作品更為不朽。

本篇故事是根據《對話錄》中〈理想國〉篇的洞穴比喻改編而成，只是將原文中的奴隸改寫成洞穴人。在故事中洞穴人無法得知的洞外世界，是透過純粹求知態度認識到的思想的、理智的、抽象的世界，而陰暗的洞穴反而是只注重實際用途的感官世界。柏拉圖的哲學有相當多的「強調智性，否定感官」的色彩。這也使得「柏拉圖式」這個語詞變成一種代表純精神意義的象徵。

最後一點小提醒。在生活中面對我們不了解與不熟悉的領域，我們也常常像故事中的洞穴人一樣，認為這些不重要，沒有用或想太多。當如此自作聰明的時候，這個故事就是對我們出洞的提醒。

★思考練習

1. 故事中洞穴人明顯的思考習慣是什麼？
2. 洞穴人的生活除了被洞穴的環境給限制住以外，還被什麼給限制？
3. 為什麼洞穴人一直以來都沒有發現首領對他們的欺騙？
4. 當柏拉圖發現首領並不是認真回答問題時，他將這個想法告訴同伴，卻得到怎樣的回應？你認為這些回應合理嗎？
5. 柏拉圖如何解釋「心靈的自由」？
6. 在最後說服洞穴人的機會，洞穴人給柏拉圖的回應是什麼？
7. 這篇文章有另一個寓意是「驕傲的人反而容易被自己的想法給限制住，容易失去讓自己成長的機會」，你同意嗎？有想到任何具體的例子嗎？

STORY 8

蘇格拉底的最後一天

蘇格拉底、死亡哲學、死後生命、靈魂不滅、靈魂的簡單性、靈肉二元

★

西元前三九九年，雅典。

在雅典街頭不斷同人對話討論哲學的蘇格拉底，被控以不敬神明與腐化青年的罪下在監裡，等待死刑日的到來。雖然眾人都祈求這一天不要到來，然而時間的腳步從不停息，行刑日無情地到來，蘇格拉底即將赴死，眾人的心將被敲碎。

蘇格拉底的朋友與學生都圍在他身旁，臉上掛滿不捨與悲傷。他的老婆已經因崩潰而被送回家。

蘇格拉底本人卻臉色紅潤，神色自若，看起來既快樂又健康，一點也不像等待死刑的囚犯。他一如往常愉快地聊天，內容天南地北，從白天一直聊到晚上。一開始大家有默契地避開了傷心話題，不過還是有學生忍不住談到了審判與死亡。

克理托道：「老師受的刑罰實在太不公平了。」他長長地嘆了一口氣，臉上有悲憤之色。這悲憤之色一瞬間傳到了蘇格拉底以外所有人的臉上。

蘇格拉底正色道：「關於刑罰這件事，我已經解釋的很清楚了。我們在世唯一應該關心的是正義與美德，不正義的人不可能用刑罰傷害正義的人，因為不公平的刑罰不但無法傷害人的正義，反而讓判刑者自身的正義受到傷害。」

雖然知道，仍難掩悲傷，眾人不情願地將頭低了下來。

蘇格拉底道：「不過在我死以前，我有些重要的事想與各位分享。你們先看我的樣子，像是恐懼、憂愁或是傷心嗎？」

「一點也不像。」眾人答道。

蘇格拉底道：「那如果試圖描述我的心情的話，你會用什麼字？」

眾人答道：「快樂。」

蘇格拉底道：「那正是我要談論的主題。或許一般民眾難以理解，但我認為一個把一生貢獻給哲學的人在臨死前感到快樂是很自然的。」

眾人回道：「這有些不合理吧？」

蘇格拉底道：「乍看之下不合理，但深入思考就能發現其合理處。我接下來就想同各位分享，這類事如何可能。」

眾人點了點頭。

蘇格拉底道：「哲學家會為死亡感到快樂，因為真正獻身於哲學的人，其實是主動為死亡做準備。他們終身都在期待死亡，如果他們面對長期等待的事情來臨的那一天，卻感受到困惑、不捨或悲傷，那的確是滿荒謬的。」

西米亞斯回道：「為什麼哲學家要主動迎接死亡呢？」

蘇格拉底道：「人類在世的生命是由靈魂與身體的聯合而成的，哲學家在追求知識與美德的過程中，受到身體部分很大的阻礙。身體的目標是為了存活，因此，身體不斷透過生存與欲望誘惑我們，讓我們離棄誠實與美德。我們必須浪費時間在進食與休眠上，疾病攻擊我們的身體，愛慾、恐懼像潮水般淹沒我們，這一切都讓我們無暇追求知識與美德，使靈魂偏離正道。」

西米亞斯點了點頭。

蘇格拉底道：「最後，就算自身完全準備好了，外在環境也不見得配合，戰爭與動亂將個人捲入，讓我們再度必須在艱困中刻苦求生。我們終其一生因著身體的挾制無法追求真正的知識與美德，只有在死去以後，而非今生，我們才能獲得心中想要的智慧。」

西米亞斯問道：「所以哲學家準備死亡，是為了脫離身體的挾制囉？」

蘇格拉底道：「的確如此。」

西米亞斯問道：「為什麼哲學家不直接自殺？主動脫離身體控制？」

蘇格拉底道：「西米亞斯已經開始思考了，這個問題我曾仔細考慮過。哲學家雖然不駭死，卻有兩個原因阻止我們主動尋死。第一，每個人的身體是諸神寄放在我們靈魂處的物品，我們只是寄管，並沒有毀壞物品的權利，否則神明回來時必降罪於我們。我們必須好好平靜地度過在世的日子，盡責地看守我們的身體，直到神明來取走的那一天。」

西米亞斯道：「平靜度日的話我自然沒有意見，但若身體上讓人難以忍受的痛苦呢？」

「這就是第二原因了，因逃避現實的痛苦而自殺更是有害的。因為現世的每一次快樂與痛苦都像釘子般將身體與靈魂牢牢地釘在一起，讓靈魂無法解脫。不管是過度留戀身體，或過度害怕痛苦的靈魂都會被現世玷汙，無法完全離開身體，成為流連世間的惡靈鬼魂。自殺與怕死都是被世俗的苦樂囚禁，不是真正的靈魂解脫。」

克貝回道：「蘇格拉底，我必須承認你既睿智又有節制。你所說得雖然極好，但對一般人來說，並不容易相信。若死亡真的是靈魂離開身體，你說的自然無誤，可是大家擔心的是，萬一死後一切都消失，連靈魂也消失了，那這可怎麼辦？」

蘇格拉底道：「謝謝你的關心，這個問題我自然考慮過。只要認真思考，就能發現靈魂不滅的證據，我願舉出兩個重要的理由，與你們分享。」

克貝道：「既然你願分享，那自然恭敬不如從命。」

蘇格拉底道：「第一個理由來自於觀念的相對性。我們生活中隨處可見相對的觀念。相對於大的是小，冷的相對是熱，黑夜的相對是白天，那我問各位，生的對立面是什麼？」

克貝道：「生的對立面自然是死。」

「是的，在相對的事物中，現象常在兩端來回變化，大的東西破碎變小，小東西聚集成大的，炙熱的火熄滅後失溫，冰冷的柴點火後升溫，白天之後是黑夜，黑夜之後又是白天。」

克貝道：「是，的確如此。」

「既然如此，有生之物必有死，那你覺得死之後呢？」

克貝道：「必有生。」

「一切都處於相對的變化之中，有生必有死，因此有死也必有生。」

克貝道：「蘇格拉底，雖然我大體上同意你，但我認為用一切皆處於相對變化來推論死必有生實在過於薄弱了，有時變化只是單向的。讓我舉個例子，欠債的對立面是什麼。」

「償債。」

克貝道：「一個人借債之後必須要償債，但這並不代表償債之後就必須得繼續借債。一個人有可能在償債之後，終身不再借債。你的推論只是類比，並不能確定死必定能產生生。」

「你的回應也充滿智慧，為此讓我再補充一個觀察的事實。即使我們不確定死會不會產生生，但生的事物必定會走向死亡，這點是確定的，對嗎？」

克貝回道：「這點的確可以確定。」

「如果這個世界上的事物不斷死亡，但死後並不會重生，那你覺得這樣不斷延續下去，最後世界的結局會是怎樣？」

克貝回道：「全部的東西，都會毀滅與消失。」

「那你覺得現在這個世界的樣子，看起來像是不斷走向毀滅與死亡嗎？」

「不像。」克貝想了一下後道：「我了解你的意思了。這是對前一個理由的補充。」

「是的，而且除此以外，還有靈魂不滅的第二個理由。靈魂不滅的第二個理由是靈魂是簡單的實體，簡單實體不會變化，也不會朽壞。事物的變化與毀壞來自於組成的改變。但無形的靈魂是簡單的，因此無法產生變化或分解。」

克貝回道：「我完全不懂這個說法的前因後果。」

「請讓我舉個例子說明。我們透過感官認知到的實體是有形的，複雜的，會變化的，也會毀壞的。如果我有一柄劍，這柄劍是以金屬加上木材組成的物體，合理嗎？」

克貝回道：「當然劍可以是這樣的。」

「有形的劍是可以被改變的，我們可以改變劍柄部分的長度，或在劍柄尾端加上一個護身符。可見之物的部分結構的調整就是其變化。」

克貝道：「你說得對。」

「如果有一天，這柄劍不堪用了，我們可以拆毀它，將刃部分的金屬熔掉製成鍋子，將劍柄扔棄。這時這柄劍不再存在了，構成劍的各部分已經散在世界不同角落了，這就是毀壞。對嗎？」

克貝道：「是的，這就是毀壞。」

「毀壞預設了有部分可以分解，也因此簡單沒有部分的東西不會毀壞。」

克貝回道：「那為什麼靈魂是簡單的呢？」

「因為靈魂是無形的，有形事物才有部分可言，無形事物不似有形事物可以拆成部分，所以是簡單的，而且永不消逝。我若認識了某個人，有了那個人的觀念，即便那人逝去了，我心中的觀念也不會消逝不是嗎？」

克貝回道：「是的，觀念的確不會因對象消失而消逝。」

「靈魂與觀念相似，我們透過理智認識到觀念，也透過理智意識到靈魂。如果人死了，身體的朽壞是一個很長的過程，因為身體是物質的，物質具有部分。但若考慮意識，睡著時失去意識是一瞬間的事，因為意識是靈魂的，靈魂是全有全無的，我們沒辦法分割自己的靈魂意識。靈魂與無形的、單一的、理智的、神聖的、不可分解的特性相近；身體與有形的、複合的、變化的、可朽的這些特性相近。無形的簡單的靈魂是不會朽壞的。」

克貝回道：「是，你說得是。」

西米亞斯道：「蘇格拉底，你的論證的確相當精彩。但我剛剛聽來聽去，發現你常常從靈魂無形推出它的簡單，再推出它的不朽。我認為這個推論可能有問題。」

蘇格拉底道：「哪裡有問題？你說說看。」

西米亞斯道：「儘管某事物是簡單無形的，不會因分解而消失，我也能想像它的另一種消失。舉個例子，有一把琴能發出一種極為特殊的樂音。對比這把琴與它發出的樂音，琴本身是有形的、感官、可以分解的。琴發出的樂音卻是無形的、簡單的甚而是不可分解的。對嗎？」

蘇格拉底道：「是。」

西米亞斯道：「但因為這個樂音只有這把樂器能發得出來，因此我們可以合理地說，當這把琴消失了，這些獨特的樂音也就『一整個』消失了，不是嗎？」

克理托問西米亞斯：「我不懂你到底為何舉這個例子。」

西米亞斯道：「儘管一個有形，一個無形，無形的樂音卻依附在有形的樂器之上。儘管無形的事物不會分解，但一但它所依附的事物消失了，它也就『一整個』消失了，我懷疑身體與靈魂也類似。若靈魂如同無形的音樂依賴樂器一般依賴著有形的身體，那麼一旦身體毀壞了，靈魂豈不也一整個消失？」

克理托道：「這樣說似乎也有道理。」

蘇格拉底回道：「這個說法相當有趣，謝謝你的回應。你的意思是，如果無形的靈魂僅僅依附於有形的身體，一旦身體毀壞了，靈魂也會消失，對嗎？」

西米亞斯道：「是的，我的確是這個意思。」

蘇格拉底回道：「但我認為只要仔細思考靈魂的特質，考察靈魂與身體的關係，就會發現靈魂與身體是兩相獨立，而不是相互依附的關係。」

西米亞斯道：「願聞其詳。」

蘇格拉底道：「依附於樂器上的樂音，無法影響樂器本身，但靈魂卻能主動影響身體，能控制身體，甚至能抵抗身體。靈魂不依附於身體最明顯的理由就是靈魂能夠走到身體的對立面，能主動地控制它、影響它、干涉它。我們能夠認識自己、控制自己、展現自己，都是靈魂對身體的主動操縱，不是嗎？」

克理托道：「是的。」

蘇格拉底道：「我們都不是欲望與恐懼的傀儡，而是超越自己身體的挾制，追求知識與德行的個體，因此靈魂與身體之間的獨立性是很明顯的。靈魂既然與身體獨立，又是無形的、單一的存有，那麼其不朽也呼之欲出了。把這些結合起來，就能了解哲學家不畏懼死亡的原因。」

蘇格拉底說這些話的同時，行刑的時間已經到了，監刑官已經進來，手裡拿著調好的毒藥。蘇格拉底問：「我的同胞，你懂這些事，我該怎麼做？」

監刑官回道：「只要喝下去就好，然後站起來走動走動，直到兩腿發沉，就躺下來靜靜等待，毒藥自會發揮作用。」

蘇格拉底端起毒酒道：「我想向諸神謝恩，我必須這樣做，因為我將透過死亡通往另一個美好的世界。」說完這句話的蘇格拉底鎮靜地，毫無懼色地喝下了那杯毒藥。

圍在蘇格拉底身邊的人看見他真的喝下了毒藥，再也控制不住情緒，紛紛大哭起來。

蘇格拉底道：「我的朋友們！你們這是在做什麼，我將我的妻子送走，為的就是防止這種攪擾。一個人臨終時應該心情平靜，勇敢些！安靜下來！」

眾人立刻安靜。蘇格拉底開始站起來行走，一陣子之後，他表示雙腿發沉。監刑官扶他躺了下來，檢查他的腳是否僵硬了。蘇格拉底的下半身漸漸僵硬，藥力只要發作到心臟，蘇格拉底就再也醒不過來了。

監刑官將布蓋在他頭上。蘇格拉底揭開了遮蓋他頭的布，說出了他最後的話語，他對克里托說：「克理托，你要記得，我們必須向神明阿斯克勒比厄斯獻一隻公雞。」

克理托回答：「不會忘，我一定會這麼做。你還有別的事交代嗎？」

蘇格拉底沒有回答，他的眼與口都永遠地關上了，再也沒張開過。

這就是古希臘最偉大的哲學家蘇格拉底最後的結局，一直到最後一刻，他都還在聲嘶力竭地談論著神明、知識、靈魂不朽與永恆的福樂。沒有知道他的靈魂最後去了哪裡，但毫無疑問地，在當時的希臘，蘇格拉底肯定是所有人中最勇敢，最聰明，也是最正直的。

★後記

這篇依然是蘇格拉底的故事，改編自柏拉圖的〈斐多〉篇，〈斐多〉篇場景就設定在描述蘇格拉底死前與朋友學生的對話。〈斐多〉篇的主題是靈魂的不滅，本篇故事保留了大部分（不是全部）蘇格拉底認為靈魂不滅的理由。論證靈魂是簡單的這部分，我認為是非常有趣的，這似乎是古代版本的守恆概念，但它的真正的科學版本要等到兩千年後了。這部分我用了自己設計的例子來解說，希望能讓原說法更合理。

最後，後蘇格拉底死前這一段，是保留原文文字最多的部分，文字中可以充分感受到柏拉圖對蘇格拉底赴死的難過與不捨。

★思考練習

1. 蘇格拉底認為哲學家會如何面對死亡？
2. 承第一題，為什麼哲學家會用這樣的態度面對死亡？

3. 蘇格拉底提出靈魂不滅第一個理由是什麼？
4. 克貝如何反駁蘇格拉底的第一個理由？
5. 蘇格拉底提出靈魂不滅第二個理由是什麼？
6. 西米亞斯如何反駁蘇格拉底所提的概念：靈魂是無形的、簡單的、不會毀滅的？
7. 蘇格拉底如何反駁西米亞斯的反駁？
8. 你覺得靈魂是不滅的嗎？說說你的看法。

STORY 9

柏拉圖的夢境

柏拉圖哲學、形上學、理型論、感官知識、理性知識

★

西元前五世紀，雅典附近。

成功從地底洞穴逃出來的柏拉圖（見〈柏拉圖的逃亡〉）開始在地面上的新生活，他在地面上四處遊走，了解事物，吸收新知。地面上各式各樣的景色與生物，都令他驚奇而且心醉。

其中他最愛的是日出。他永遠忘不了逃出洞穴的那晚，在荒野上親見的日出奇景。遙遠的天空突然抹上一層魚肚白，地平線交界漸漸透出金色的微光，火紅太陽緩緩升上天空，四射出萬丈的光芒，耀眼溫暖的陽光灑在人身上，讓人精神振奮。柏拉圖愛上了日出的美景。他從此日復一日貪看著日出，一次也不願放過。

這一天，無家可歸卻依然快樂的柏拉圖，在路邊大樹上睡著了。睡在大樹上能保護自己不被野生生物攻擊。

或許是因為睡前聽見了遠方野狗的叫聲，柏拉圖在夢裡也遇見了一隻狗。特別的是，柏拉圖雖然知道這生物是一隻狗，但若仔細定睛看牠的顏色與輪廓，卻又覺得十分模糊，難以辨別。但無論如何，他很確定這是隻狗沒錯。

狗兒友善地迎向柏拉圖，張口對他說道：「你好啊！朋友。」

柏拉圖看看左右，不敢相信剛剛這段「人話」竟從狗的口中說出。

「你？」

「對啊！是我！跟你打招呼的就是我。」狗兒回道，牠友善地搖搖尾巴。

「你是狗！狗怎麼可能會說話？」

「說話？為什麼不可能？」狗兒再度加強了友善的語氣。

「你！你不是狗！到底是誰裝的？」懷疑的柏拉圖開始緊張地四周張望，卻沒有發現任何可疑的東西。

狗兒低頭嘆氣，露出無奈的語氣道：「人類是這樣思考的嗎？就因為你們沒遇過會說話的狗，所以你們覺得狗不會說話，結果有一天當遇見會說話的狗時，反而直接否認這是狗。這種思考方式又自稱『萬物之靈』不是很諷刺嗎？」狗兒的話語鋒利，一字一句透入柏拉圖心中。

雖然驚訝，柏拉圖仔細想了一下對方所說，發現不無道理，鎮定下來後回道：「您說的對，剛剛或許驚訝掩蓋我的理智，因為這太不尋常。我為我的失禮道歉。」

「你可以過來聽聽看聲音是不是從我口中發出的。」狗兒笑著對他說。

柏拉圖將頭湊了過去，狗兒突然大叫，嚇了柏拉圖一大跳。惡作劇之後，柏拉圖與狗兒相視而笑。他們彼此問安，開始了正式的談話。

「你剛剛所說的的確也有部分是對的。你也可以說我不是狗，我不是任何一隻狗，不是你見過的任何一隻狗。」

柏拉圖回道：「那當然，我見過的狗是有限的，世界上仍有許多我沒見過的狗。」

狗兒正色道：「是的，這世界的確有許多你沒見過的狗，但那卻不是我這樣說的原因。在現實世界裡，我既不在你看過的那群狗中，也不在你沒見過的那群狗中。」

「這怎麼可能？」

「或許很難相信，但如果用時間軸來說的話，我既不在過去，也不在現在，更不在未來。」

「這怎麼可能？如果你不在過去不在現在，也不在未來，那怎麼可能還是狗？」柏拉圖認真問道。

「我的確不在這三者之中而且肯定是狗，我是『狗本身』。」

「你剛剛說『狗本身』？」

「對的，我說我是『狗本身』。」狗本身道：「『狗本身』就是狗這一類，你曾見過許多隻狗，把許多隻見過的狗歸入『狗這一類』中，不是嗎？」

「對。」

「這個類就是狗本身。」

「這是我們對具體生物做的『分類』，分類本身並不是真正的狗啊！」

「這點我與你意見不同，我認為你完全搞反了。『狗這一類』才是『真正的狗』！」

「怎麼可能！」柏拉圖忍不住脫口，他也不知道自己為什麼突然這麼激動。他稍稍修正自己的措詞，用較平緩的語氣道：「當然看的見，摸得著的每一隻狗才是真正的狗，狗的分類僅僅只是我們心中的『概念』而已。」

「你以為狗這一分類，僅僅只是你心中的『概念』嗎？」狗本身回問道。

「世界上有各式各樣的動物，我認識到某些具有特色的生物族群，比方說狗，將他們歸為一類，成為我心中的概念。概念當然只存在我的心中。」

「你說狗這一類只是存在於心中的概念，是不是像當你摺被子時，被子上會有一些皺折，皺折本身依附在具體的被子，就像分類的概念依附在你個人心靈一樣？」

「難道不是嗎？」柏拉圖很有自信地回道。

「若有一天我將這床被子燒了，被子還存在嗎？」

「既然你燒了被子，怎麼可能還存在？」

「那被子上的皺折還存在嗎？」

「不存在。」

狗本身露出自信眼神，問道：「所以一旦你死了，『狗這一類』是否就因此而消失了？」

「當然……會消……」柏拉圖話說到一半，又硬生生吞了回去。一個個體的存在或消失，跟狗這一類的存在或消失應該沒關係，總不能說某個人死了世界上的分類就消失殆盡。不過他立刻想到如何重述自己的說法，而不會產生這個問題。

「當然不是。」柏拉圖也露出自信：「我清楚這裡有問題的原因。」

「請說。」狗本身伸出前爪，邀請柏拉圖陳述。

「我死了，狗這一個分類依然存在，那是因為世界上還有很多『活著的狗』，這些活著的狗依然存在。類概念是狗的共同性，所以只要還有些現實的狗存在著，這一類自然也因此而存在。」

「你回答得很好。但還是有一個大漏洞。」狗本身露出得意的笑容。

「漏洞？怎麼可能？」

「是的，的確可能。即使世界上『所有的狗』也因為某些事件消失了。我們還是不能說『狗的分類』或者『狗的概念』不存在了。不是嗎？」

「即使現實世界中的狗全滅絕了？」柏拉圖自言自語。

乍聽之下不太合理，但柏拉圖仔細思考後再度想通了。某類的動物滅絕了，絕不代表「這一類」就永遠消失了，事實上這類的概念依然存在。我們也可能透過歷史的研究細分已經不存在的事物。他有點後悔，剛沒想到這一點。

狗本身補充道：「甚至即使人與狗都滅亡了，也不能說就沒有狗這一類，我們研究古代的人事物，正是因為這些人事物即使消失了，仍有其意義。即便某一段時間狗完全滅亡了，但當未來相同類型的生物再度出現，我們又可以說這是狗。可見狗這一類並未停止存在。」

柏拉圖一時無語，陷入五里霧的困惑。他原本很有自信的兩種說法，卻經不起思考的考驗，這讓他十分氣餒。

狗本身安慰他道：「認識自己的錯誤與不足，不是很好的一個經驗嗎？你以前不也是如此？」

柏拉圖想起以前逃出洞的經歷。錯誤的修正讓他認識到更美好的世界，也更自由。

柏拉圖鼓起勇氣問道：「那能否請你解釋這是怎麼一回事。」

「我想你自己可以弄懂。我再舉一個例子，研究某種植物的人死亡了，他研究的植物也滅絕了，但這不代表這些研究得到的原則與概念沒有意義。」

柏拉圖仔細思考了一遍狗本身的說法，認真推敲其中道理，整個思路突然像電流一樣全通了，他興奮地叫道：「我懂了！我終於懂了！」

「別急，慢慢說。」

「其實所有真確的概念與原則都是一樣的，只要我弄懂了，這些真確的道理、概念或原則就不會消失。比方說『狗是雜食性的動物』這個規律，即使狗在世界上完全消失了，這個規律也不會因此為假。只要是我透過理性認識到的事物，只要我依照理性將事物歸類，只要我是透過理性思考得出真實的原則，那麼這些原則或概念就會永遠存在。」

「你是隻聰明的猴子。」

「聰明的猴子？」

「你現在還不懂，但以後你就會知道了。你說對了八成，但剛剛的說法還是有一點小瑕疵，你剛剛說當『你』運用理智認識到一些概念或原則，『你』就會讓它永遠存在？那在你沒認識到這些概念與原則以前，萬一已經有『其他人』認識了呢？」

「對，我只考慮到我自己一個人。」

「那你應該很快就可以想到怎麼修改。」

柏拉圖想了一下，回應道：「『任何人』用理智認識到的概念或原則，其實都是永遠存在的。理性思考其實是『發現』永恆的事物。不同人發現的次序可能不同，但發現的總是永恆的事物。」

狗本身微笑：「沒錯。理性思考的目的就是用來發現超越可見事物的永恆之物。每次當你理解了某件事，想通了某件事，發現了某些原則，找到了某個解法時，你都在變化的世界中發現永恆的事物。」

「你說得沒錯！」柏拉圖不只因為弄懂了狗本身說的話，更因為發現了一個重大的道理，因而狂喜。

狗本身繼續解說：「這是要透過深入思考才能發現的。如果語言記錄的『思想』僅僅是腦袋的一部分，一旦腦袋消失，意義也跟著消失了；如果『思想』僅僅是反應現存的世界，那麼歷史學就變得沒有意義，因為它反映的東西早已經消失了。理性思考的目的是追尋永恆的世界。當你感悟於體會到的概念或原則時，這剎那即永恆，因為你從這剎那中發現了永恆。」

深入思考之後，柏拉圖感受到當他發現到自己的某些錯誤，了解到某些事情背後的道理，他的確感覺到了自己的精神正在往永恆飛升。

「有道理。」柏拉圖回道。

狗本身露出理所當然的表情道：「你學習的速度出乎我的意料。那我問你，永恆不變的事物跟一直生滅變化的事物相比，兩者何者較為真實？」

「永恆不變的事物。」

「優勝劣敗很清楚。永恆不變的，被理性思考所認識的世界才是真實的，感覺器官接觸到的具體事物都是變動的，偶然的、可有可無的。對於永恆的事物來說，它們就像是一時的眨眼跟皺眉。從一時的眼光或許華麗動人，但若從更遠的角度來看，就只是滄海一粟了。」

「這就是所謂現實的狗而非真實的狗？」

「是。現實世界可感知的一切，從感官是否可接觸來看，或許是具體的、真實的。但從理性思考的角度來看，卻只是永恆事物的『影子』。具體的狗不過是我的影子，影子是一時的，會變化消失；我卻是永恆不變。月亮倒映在不同的河川與湖泊，卻仍是同一個月亮的影子，如果因為水中月影看起來離你比較近而誤以為水中月影才是真正的月亮，那麼就愚不可及了。」

「影子？」柏拉圖又陷入了深思，這個字對他很敏感，曾經從地底逃出來的他，如今看到的現實世界又是影子嗎？這個世界與人生真是讓人匪夷所思。

「真正有智慧的人要認識到何者為真實，感官世界是影子，理智世界才是真實，我能與你交談的時間有限，但請你永遠不要忘記這件事。」。

突然一陣寒意讓柏拉圖打了一個噴嚏，他醒過來。冷冷的夜空裡，沒有任何「物」。

剛好就是這一刻，日出了。

他看著天邊日出變幻的彩霞，這是他看了上百次也不膩的美景，卻第一次打從心底出現一種「不真實」的感覺。他一時因恐懼失去平衡跌到地上。即使跌下的疼痛很真實，但一種不真實的感覺迅速地在在他心中擴散開來。

「神啊——」柏拉圖忍不住仰著天道：「我到底是從夢境中醒來，還是進入了另一個夢境？」

沒有神明回答他。

★後記

本篇故事以柏拉圖的「理型論」為中心，理型論認為事物共同性才是真正恆存的事物，具體物只是永恆事物的影子。理型論是一種有趣的觀點，將事物的共同性視為獨立自存之物，散見於柏拉圖的〈斐多〉篇、〈笛美吾思〉篇、〈理想國〉篇、甚至晚年的〈巴門尼德斯〉篇中。

理型論是否為柏拉圖毫無疑義的觀點，其實我們不知道的。柏拉圖的《對話錄》原本就不是正面陳述論點的著作。亞里斯多德在〈形上學〉中批評柏拉圖將共同性與個別物分開，恐怕才是這個論點最清楚的模子。不過無論如何，這種推崇理性思考，否定感官真實性的想法，是非常具有特色的。這是我把它撰成故事與大家分享的主因。

本故事與〈柏拉圖的逃亡〉都可以看成這種想法的一體兩面。柏拉圖哲學中這種追求永恆不變的成分一直在後來的思想界，甚至是文學的作品中，不斷以各種樣態重新出現。

★思考練習

1. 柏拉圖遇見的這隻動物如何介紹牠自己？
2. 這隻動物如何反駁，分類不僅僅是人心中的概念而已？
3. 柏拉圖如何回應狗本身提出的反駁？
4. 狗本身又如何再度反駁柏拉圖前一段的說明？
5. 狗本身認為理性思考的目的是什麼？
6. 關於真實性的問題，他們有怎樣的結論？
7. 你同意這種論點嗎？為什麼？

STORY 10

海島上的理想國

理想國、理想政治、政治哲學、男女平等、共產制度、國家教育、文化審查

★

西元前四世紀，地點不詳。

柏拉圖自從逃離地底洞穴之後，開始在附近城鎮學習「地面上」的事。好學、聰明、強壯又成熟的柏拉圖不但學習快速，也受到人們的喜歡，半年之後，他的語言與能力已經能讓他獨自在希臘城邦旅行，沒有安全顧慮。

旅行越走越遠的柏拉圖見到了大海。如天空一樣湛藍色的大海，讓柏拉圖第一眼就愛上了它。他立志成為水手，主動努力地學習，兩三個月過去，聰明的柏拉圖成了正式水手，開始此生第一次在大海上的旅行。

然而大海美麗又無情，柏拉圖乘的船遇到了船難。商船被海神的漩渦捲碎吞沒，柏拉圖幸運逃上小船，但小船隨即又被風浪掀翻。他抱著船體殘骸漂流，命運之神眷顧他，海流將他沖到一個美麗的海岸。溫柔細緻的浪花如戀人般輕撫，讓他悠悠醒轉。

他睜開眼睛，看見兩條腿，然後是一陣完全聽不懂的對話。

「*&%^$#@S」

「(*&^%$#%%^S」

柏拉圖被一男一女從兩邊扶起，他們將柏拉圖的頭按低，拍著他的背，又鹹又苦的海水湧上他的喉嚨，讓他反胃咳嗽，最後忍不住狂吐。扶著讓他吐了個乾淨之後，男人拿出水袋讓柏拉圖用清水漱口，然後架著他離開海邊，不過還沒走到村子，柏拉圖就因為又累又冷體力不支昏了過去。

柏拉圖在舒服的木製躺椅上醒過來，身上已換好了乾淨的衣服。環顧四周，這是間別緻素樸的房間，家具造型簡單。有很多別緻的的小布片掛在各處，上面繡著他不懂的文字。

一個白髮老人打開門，首先映入柏拉圖眼中的，是一張仁慈而又有智慧的臉。老人對他微笑，然後對他說：

「是希臘人嗎？」他低沉的聲音讓人安心。

「是。」柏拉圖回答道。

「看來我的希臘語還沒忘光。」老人伸出手拉起了虛弱的柏拉圖，柏拉圖感受到他手臂的堅實有力。老人領著他到椅子前坐下，開始比較正式的談話。

「您好，我是柏拉圖。感謝各位的相救，請問除了我之外，還有其他人被救起來嗎？」

「就我所知只有你，而且你已經昏睡兩天了。這兩天我們每天派人去海邊巡邏，沒有發現其他的生還者。」

「十分感謝您。」

「只有你一個人獲救，這必定是你平日累積善行的結果。對了，忘了自我介紹，我叫蘇格拉底，我是衛國者的首領。」

「蘇格拉底先生，您是衛國者？抱歉我剛到這裡，還不太了解……」

「不用在意，我正想解釋。衛國者就是政府官員，而首領大致上相當於這裡的國王。」

柏拉圖聽到「國王」兩字嚇了一跳，他沒想到自己居然會被國王所救，趕忙站起身後用半跪的姿勢說道：「初次見到國王陛下，失禮之處請多見諒。」

蘇格拉底一臉不在意的樣子笑著說：「別擔心，這不是你的責任，我還沒老到無法辨清是非。這裡不是追求表面禮節的地方，這裡是追求良善與真實的『理想國』。」

「理想國？」柏拉圖第一次聽到這個詞，很自然帶著疑惑覆述。

「是的，獨立於希臘城邦的海島國家：理想國。你應該沒聽過這個名字，這幾十年來因為海流的改變使我們與外界斷了聯繫。看到你表示雖然困難，但我們還是有機會與外界重新聯繫的。」

「所以，你們已經獨立在這個島嶼上生活很久了？」

「是否算久取決於你的標準。四十多年前，有位對希臘政治不滿的智者，帶領了一群人渡海來到這個島上，希望能建立理想的國家。我們都是當初這群人的後代，經過多年的努力，理想國現在已經是一個能夠自給自足的國家。我們有自己的語言、政府、法律以及軍隊。這些都是我們努力追求並且引以為傲的成果。」

「能有這樣的結果的確不容易。」

「你不需要擔心，理想國的人會以善良與誠實對待你的。這裡的生活雖然不如雅典之類的大城，卻是很舒服自在的，我們會請你在這邊住一陣子，幫你準備能到附近島嶼的船。所以，這段期間就請您安心接受理想國的招待吧！」

「真的太感激你們了。」柏拉圖連忙行禮表達感謝。

柏拉圖就這樣開始了在理想國暫時停留的日子。

蘇格拉底國王忙於政事，因此請了一位懂希臘語的衛國者向柏拉圖介紹理想國，透過介紹，柏拉圖漸漸理解這個小島國家的有趣。

理想國是由三種階級構成的國家，衛國者、士兵以及一般的平民。分別負責統治、保衛（平時是維持治安）以及生產三大類工作。整個國家透過三個階級的各盡其職來運作。

除了職能之外，三者的權力關係是由上而下的。衛國者擁有最多的政治權力，其次是維持治安的士兵，最少者為平民。如果用人身體類比，藏有智慧的頭腦代表衛國者，充滿熱血的胸膛代表士兵，而藏著慾望的消化系統則代表平民。三者在決策中應該是由上而下的，如果熱血與欲望不經過智慧的約束，就會產生不好的結果。

特別讓柏拉圖注意的，是這個國家女性的地位，幾乎在所有的階級中，都有許多的女性。這裡女性不管在政治權力、工作職位或家庭角色上，都與男子平等，這與他所見過的任何城邦都不同。

衛國者與士兵都住在大型的公共建築裡。相對於此，平民則住在自己的私有住宅。另外，柏拉圖還發現了這裡有少見的集體教育孩童的公家機構，在古代教育多附屬於家庭，公共集體的教育是非常罕見的。

除了看得見的事物，柏拉圖注意到這裡看不見一般城市中會出現的吟遊詩人或創作者，這些人吵吵鬧鬧，在街頭很是顯眼，但在這一個也沒有。在平常的日子裡，這裡的人都嚴肅、安靜並且專注地進行著自己的工作。

柏拉圖自從出洞穴之後，就沒見過這麼安敬而認真的城鎮。希臘大城邦到處都是一群精力充沛又愛講話的人，沒事就到處閒晃，這讓他學希臘語十分快速。但理想國的人與此完全相反，他們很安靜，而且總是有工作在身。

三天後，蘇格拉底主動邀了柏拉圖一起用餐。

「柏拉圖先生，這三天在這邊的生活還習慣嗎？」

「是，很愉悅閒適的生活。」

「我們其實一直在找機會，要向外界的希臘人說明我們的理念，甚至邀請他們到我們的國家來居住或學習，我想你的到來就是最好的時機。」

「可惜我出生低微，無法對外界真正的影響力。」

「不會的，柏拉圖先生，你眼中有著超乎常人的精力與智慧，不管以何種方式，你將來一定會對整個世界產生很大的影響的。告訴我，你這三天都看到些什麼。」

柏拉圖把他觀察到的事實說給蘇格拉底聽，蘇格拉底也從他的報導中驚嘆於柏拉圖的觀察力與思考力。多年前也曾有一個希臘水手漂流到理想國，他生活了數天，只發現這裡的人都不愛說話而已。

「敬你銳利的眼光。」蘇格拉底舉杯。

「您太客氣。」柏拉圖回敬。

「那就請讓我來為您解釋理想國的基本理念吧！」蘇格拉底帶著自豪的神情道：「理想國最初的想法，是從對雅典民主制的反省而來的。雅典的民主透過抽籤的方式來決定統治者。這是種能防止少數人把持政權的制度。卻有一個很大的缺點。」

「什麼缺點？」

「讓我舉個簡單的例子，今天如果你的鞋子壞了，你會找誰去修理？」

「鞋匠。」

「那今天如果你身體不舒服，你會找誰來幫忙？」

「醫生。」

「生活中我們會尋找具有專業知識的人，來解決我們的問題。而且通常越複雜的領域，越需要知識的支持。不是嗎？」

「這是合理的推論。」

「然而處理公共事物需要的智慧、知識、經驗與手腕，是不亞於製鞋與醫病的。不管是戰爭、畫分土地、興建公共建築、制定教育等，沒有一個不需要理性與思考的幫助才能決定。」

「是的，我懂了。所以你所說的缺點是，在民主制度中，透過抽籤選出來的統治者，卻不具備統治的智慧嗎？」

「您果然是聰明人。民主最大的問題就是統治者不具備統治的智慧。」

「那可否請問您所謂『統治的智慧』指的到底是什麼，又該如何獲得呢？」

「與統治有關的知識與智慧，自然有很多，不過歸結一下最重要的是一種哲學家的精神。換句話說，統治者應該是具有深度思考能力的哲學家。」

「哲學家？太出乎我意料。」

「是的，但這是深思熟慮之後的結果。哲學家的思考有三點對統治而言非常關鍵。一、抽象思考的智慧。二、追求真理的態度。三、追求公利的精神。」

「真有如此契合？可否請您一一解釋。」

「第一點是抽象思考的智慧。統治要有抽象的思考能力，因為個人的好惡不能做施政的準則，這是紛亂的、不公正的。統治者要從不同的角度找出共同的特質，排除偏見提出公平的原則，這是解決公共事物的關鍵。所以抽象思考的智慧為統治所不可缺。」

「聽您解釋似乎的確如此。」

「第二點是追求真理的態度。治國不能單憑熱情，還需要正確的觀點與知識，如果沒有探求與辨別真理的能力，就很容易被錯誤的想法引導向危險的道路。因此追求真理也是必要的。」

「可以同意。」柏拉圖點點頭道。

「第三點則是一種精神素養。哲學是對智慧的愛，哲學家一心嚮往真理，這種愛好能減少人對私利的貪婪，成為更關心公利的人。綜合這三點，讓哲學家成為統治者是最好的選擇。」

柏拉圖沉思了一陣子後反問道：「前兩點毫無疑問。但第三點後半的推論：從一個人對智慧的愛好，推論到他對私利誘惑的節制，甚至到追求公共的利益，這會不會過於樂觀？」

「犀利的觀察又出現了。就我個人的角度來說，這並不算樂觀，反而恰到好處。不過如果您懷疑，也有制度可以彌補。在理想國，為了防止執政者假公濟私，中飽私囊，衛國者不允許擁有任何的私有財產，他住在國家提供的居處，生活所需國家會提供，但不會讓他累積個人財富。」

「不允許擁有任何的私有財產？」

「是，我們可以說個人財產配不上衛國者，他們自身比黃金更有價值。國家必須保證衛國者不過於富裕，也不過於貧窮的生活，好讓他專心在更重要的事情上。除了財產以外，衛國者也沒有個人的親屬。」

「沒有個人的親屬？所以衛國者都沒有子嗣？」

「衛國者有子嗣，但沒有特定的子嗣，所有人的孩子一出生就會被送到公立的養育中心共同扶養，從此不再單獨會見任何親屬。」

「你的意思是你不知道自己的小孩是誰？」

「是，我不會知道也不需要知道我的孩子是誰。所有下一代青年都會是我的孩子，而對所有的孩子而言，所有的長輩都會是他的父母。」

「所以這樣也就沒有家庭？」

「是，從國家的角度看來，家庭是偏私的根源，無家庭也就無私。在無私智慧的引導下，三階級各盡其分，不相干擾。當然我們了解每個人天分不同，如果在不同階級發現有不適任或特殊能力者，會有上下流動的情況產生。讓每個人發揮自身最大的力量，不管對國家或對個人都是很有意義的。如你所見，女性在理想國裡與男性並無差別，她們一樣可以在各個階級扮演自己的角色。我們也發現許多女性戰士的表現要比男性優異。」

「真是有趣的想法！理想國已經依照這樣的方式超過四十年了嗎？」

「是的，理想國已經經歷過權力移轉。這並不如想像中容易。」蘇格拉底露出若有所思的表情道：「但要讓國家與社會永續運作下去，最後還是要靠教育的力量。透過公共教育，理想國的下一代已經準備好繼續這樣的國家了。」

「很了不起的計畫，我想更多了解什麼是公共教育。」

「理想國的教育是由國家負責的，政府會統一教育的內容，並在公共的機構裡集體教育下一代，並由政府負責提高教育的品質。教育必須引人走向真實與良善，走向群體生活的和諧。我們嚴格制訂不同階級人的教育，統治者就該受統治者的教育，被統治者就該受被統治者的教育，如此才能讓國家永續經營下去。」

「這很合理。」柏拉圖嘴上這樣回答，但心裡卻覺得這樣有點不公平，因為他以前是住在洞穴的奴隸。

「另外，我們必須嚴格審定教育的內容，甚至將對教育有害的因素，都排除出去。」

「對教育有害的其他因素？」

「希臘文化中有許多有害於教育的因子。舉個例子，神話作品中，有許多神的行為是不好的，這很難給青年當榜樣。神應該只創造美善，只喜愛美善才對。除此之外，若神話或戲劇中出現對死亡的恐懼，那我們又該如何教育士兵戰死沙場的光榮呢？又或者，戲劇中常出現犯罪的、醜陋的、邪惡的角色，萬一青年人喜歡上這樣的角色，想要去模仿，又該怎麼辦？人只要有機會接觸到罪惡，就會模仿罪惡，所以我們不允許國家中有戲劇家、詩人或者講述神話的人，因為這些可能敗壞青年的教育與德行。」

「可是這樣的代價卻是……」

蘇格拉底罕見地打斷他的發言道：「青年人的未來是無價的！而且說實在，這些神話除了將感性元素重複組合之外，也沒有特別可敬之處。如果有人會因這樣的元素感動，那我寧可他去運動，發洩這些過多的精力。」

柏拉圖一時不知道該如何回答，他突然想起自己的過去，曾被欺騙關在沒有自由的地洞裡，終年不見天日。可是同樣的，也有人因為外界過於自由而產生的敗壞，而選擇離世獨居。他又想起之前夢見的那隻狗，會不會這整個世界也是一個大的地洞呢？

蘇格拉底見他沉思，等了一會兒。接著他舉起酒杯敬柏拉圖道：「另外還有一個值得慶祝的事情，你的船明天就準備好了，要當我們的大使，把你親眼所見告訴希臘人，我們歡迎更多希臘人來理想國訪問，甚至定居。」

「這真是太光榮。」

柏拉圖與蘇格拉底在笑談與祝福中結束了晚餐。

第二天，在理想國人的幫助下，柏拉圖獨自乘了一條帆船，帶著海圖往北到了希臘邊境的一個小港口。柏拉圖對希臘人說起了他在島上遇見理想國人的故事，眾人都非常驚奇。不過此後當他們帶著海圖航行去尋找這個上面有理想國的小島時，卻再也沒找著過。

★後記

本篇故事是以柏拉圖的〈理想國〉篇為中心，這篇章可說是西方理想國家論述的先河。

透過故事，我們看到柏拉圖眼中的理想國家是一個由三個階級：統治者、士兵以及一般人民，共同構成的社會，三階級各盡其職，統治由上而下，有序不亂。這個國家的特色還有男女平權，統治者與士兵，統治者的子女由國家養育，教育由國家負責，允許因能力而出現的階級流動，而且有著文藝審查制度的國家。這其中每一個環節都有有趣的理由。

這樣的國家真的是一個完美的國家嗎？羅素在《西方哲學史》中曾批評這是一個不可能誕生藝術與科學的國家，但孕育科學與藝術是好壞國家評判的標準嗎？讀者可以自己做進一步的思考。

一直以來，我都沒寫到蘇格拉底與柏拉圖見面的故事，所以在這邊把理想國首領的名字換成了蘇格拉底，以後若再寫出他倆見面的故事，各位就把這裡的蘇格拉底當同名者吧！另外，故事中為了本身的合理性把理想國存在的時間說的長了一點，如果年代上略有出入，也請各位專家多包涵見諒了。

★思考練習

1. 列舉理想國的重要特色。
2. 理想國的祖先對於希臘的民主政治的哪一部分不甚滿意？
3. 理想國認為統治者最需要學習的是哪一種智慧？理由為何？
4. 這個國家如何防止統治者占據優勢資源？
5. 理想國的教育的特點是什麼？
6. 理想國的人認為人只要有機會接觸邪惡，就有機會模仿邪惡，你覺得這是對的嗎？
7. 你覺得因為教育的理由禁止文藝活動，是一個正當的理由嗎？
8. 你覺得理想國是一個好的國家嗎？為什麼？

STORY 11

亞歷山大的導師

真理符應論、真理判準、推理思考、邏輯思考、經驗主義

★

西元前三四三年，馬其頓領內的米埃札。

「布希發拉斯，快來！」清亮童音的從遠方傳來。

不遠處站著一匹全身烏黑的駿馬，額頭上有個像牛胎記。牠聽見主人的呼喚，仰頭長嘶，兩隻前腳高舉凌空，嚇得牽著牠的僕人趕緊讓身閃避。布希發拉斯輕易甩開壓住牠的兩名壯漢，如離弦疾矢往呼喚方向奔去。

這呼喚來自目如星光的十三歲孩童，黑色蓬亂鬈髮，雕像般直挺的鼻子，額頭高聳寬闊，嘴唇薄窄堅毅。馬其頓國王腓力二世的兒子，亞歷山大。

「煩死了！別跟過來！」亞歷山大快走，吼開身旁的從僕，撞倒來壓制他的衛兵，飛身騎上布希發拉斯。

亞歷山大騎著愛馬在庭園裡左突右撞，嚇壞不少人。不過這一人一馬迅捷矯健，嚇歸嚇卻沒有碰到任何一人。布希發拉斯往前庭出口奔去，一群工人有如水面被小船切開往兩側散開。出口附近有個老男人，拿著一根看似雨傘的物體，直挺挺地站在路中間。

亞歷山大對自己的騎術有自信，他加速向前，就算那人不閃，他也自信能從他頭上飛過去。亞歷山大曾這樣做過，而上次那人被他嚇得當場昏了過去。

老男人甩開了雨傘，布希發拉斯的身體突然僵直，腳步急停了下來。一張巨大傘面正對著布希發拉斯，傘面上是張駱駝的臉。亞歷山大聞到臭味，布希發拉斯仰起頭，雙腳再度騰空，不過這次嘶聲中有著驚恐。老男人撐著雨傘往前靠近，布希發拉斯往後退了好幾步。

「布希發拉斯，別怕！」亞歷山大低聲對牠說。主人這時更應該保護他的愛馬。「你是誰？為什麼擋我的路！」

亞歷山大旋轉馬身讓布希發拉斯別過頭去，這才看清楚這老男人。他約莫五十歲，花白的鬍子，身體看來健壯，氣色也十分好。衣著隨性，不像貴族而像探險者。表情冷酷內斂，但舉手投足又有點天真。

「這是駱駝的毛皮，馬害怕駱駝的味道。」他選擇先解釋事實，「初次見面，陛下。我是您新來的導師，亞里斯多德。」

「亞里蘇多德？」

被阻擋下來的亞歷山大，無奈地進到室內上課。不過聰明的他早已經趕跑過好幾個老師，他準備要給亞里斯多德難堪。

亞歷山大開口道：「亞理蘇多德，你怎麼知道我要出門？」

「從僕人打聽到您的生活習慣，再加上院子裡的騷動就可以推出。」

「你怎麼知道我會從哪個門出去？」

「適合馬走的門只有一個，特別是巨馬。」

「為什麼會帶著那張奇怪的雨傘。」

「我聽說您喜歡跟戰爭有關的東西，這是一個設計用來防止馬衝鋒的用具，特別帶過來給您看看。」一說到戰爭，亞歷山大豎起耳朵，又向亞里斯多德再多問了一些跟駱駝有關的事情，這讓他十分開心。

「亞理蘇多德，你是馬其頓人，還是雅典人？」亞歷山大開始對亞里斯多德有了興趣。

「都不是，我是色雷思人。」

「色雷思人？很不常見。」

「我的父親是先王阿明塔斯二世的御醫，十八歲到柏拉圖的雅典學院學習，待在色雷思的時間並不多。」

「你一開始說你現在是什麼身分？」

「您的導師，奉命以王儲方式教育您。」

「王儲啊！」亞歷山大唸了一下這個字，這原本屬於他的頭銜，但因為最近父親與繼母的親密關係讓他有種感覺，也許有天這個名號將不再屬於他。他因此而出了神。

「還有一些其他的貴族，不過您自然是主角，殿下？」

他突然回神過來問道：「是的。你教過幾個王儲？」

「不瞞您說，陛下是第一位。」

突然，亞歷山大有點明白了，或許，他根本就是個新王儲的實驗品，如果有「新王儲」的話。想到這裡，他難以控制自己的情緒。

「你說得好像很懂的樣子，原來根本是生手！」亞歷山大怒道。

「我並沒有說過自己很懂。但我研究過不少皇室的教育方法，盡可能吸收前一代的教育經驗……」

「研究過？」亞歷山大用不悅的語氣道：「難道你是在馬背上一邊閱讀如何騎馬的卷宗，一邊學騎馬嗎？」

「其實學習有部分難免如此。新的經驗中總是有可以學習的部分，但也有部分是吸收他人的經驗就足夠……」亞里斯多德認真地答道，他似乎沒注意到對方的態度。

亞歷山大大吼打斷他的話：「夠了！我還以為父親請了個多麼厲害的人來教我，我看又得調降對他的評價。雅典人只會從自己的經驗跟書本中學習知識，根本都是一些笨瓜。」

「笨瓜？是嗎？」亞里斯多德瞪大了眼睛，像是看到動物的獵犬一般。他問道：「請原諒我個人的才疏學淺，但我很好奇。人類的心靈天生就像無字的白板一般，知識從經驗的觀察與反思而來，如果陛下不是從親身經驗中掌握到騎馬要領，又不是從記錄他人經驗的書本中學到的，那陛下究竟是如何掌握到騎馬的要領呢？」

「這個嘛……」亞歷山大張口想頂回去，卻發現一下想不出如何回答。

他發現亞里斯多德一開始內斂的眼神消失，現在充滿熠熠神采。

「或許我提問還不夠清楚，我再重述一次。知識源自於經驗，有的是親身的經驗，有的是他人的經驗。既非自己的經驗，也非他人經驗的知識到底從哪得來？」

亞里斯多德對他微笑，帶著充滿自信的眼神。亞歷山大很少看到令他覺得羨慕的東西，而這類東西今天又多了一件。

亞歷山大開始敬重起這個老男人，他習慣將所有的事，包含這場對話，都視之為戰爭。前面幾個老師，與其說是被氣走的，到不如說是在與他談話過程中敗下陣來。亞歷山大第一次在談話中有種被逼退，又欣賞又興奮的感覺。

「這個亞里蘇多德比之前的對手難纏一點。不過這就讓我屈服，是絕對不可能的事情。」亞歷山大心道，他再度上場攻擊道：「我對人怎麼獲得知識並不怎麼感興趣。知識與思考根本是沒有用的東西。」

「沒有用的東西？」亞里斯多德露出訝異的眼神道：「一般有用沒用總是相對於特定的目的。鐵礦對想製作武器的人來說固然有用。對想弄點食物填飽肚子的人來說，可一點用也沒有了。對於想快跑前進的人來說，帶在身上反而有害。不知道您認為思考與知識相對於什麼來說沒有用？」

亞歷山大回道：「當然是治國囉！國王的任務難道是教書嗎？」

「治國是個明確的目標。那思考與知識對治國來說無用的理由是什麼，以陛下的智慧想必非常清楚。」

亞歷山大邊想邊回道：「因為你們都是一些騙人的文士。」

「騙人的文士？」聽到指責的亞里斯多德不但毫無懼意，眼神又更加銳利。他回道：「陛下。您正在逃避與我交戰。我期待您給出思考與知識無益治國的理由，您卻只是指責我輩虛假弄人。這好像我們相約在東邊交戰，您卻將軍隊領到西邊怪我不赴約。我聽過打架是以指責恐嚇結尾的，但沒聽過真正戰爭是以指責恐嚇結尾。」

其實亞歷山大是講理的人，只是因為太有主見，身邊的人又讓著他，成了人們口裡任意妄為的小霸王。亞里斯多德的話顯示了他只願意與亞歷山大在道理上進行爭戰，他應戰的興致越來越高。

亞里斯多德道：「我希望您說出您所據的理由，以彰顯您智慧的威名。」

聰明過人的亞歷山大趕緊動起腦袋來。他想起曾聽過一群老師爭論真理為何，大家莫衷一是，內容迂腐無用。便道：「我有理由，只是還沒說完。你們學者總是說目標是追求真理。可惜無人能解『真理』一詞之義，爭論不休。這些爭論對世界毫無意義，對生活毫無建樹。難道不是這樣嗎？」

「對某些人來說的確一針見血。」亞里斯多德答道：「對虛偽的假學者來說的確如此。這些人言不及義，只做些膚淺空洞的論述，自然讓人有這種印象。不過我們不能把錯誤的示範當作標準。這好像有壞醫生將病人身體搞壞，我們便說醫生的目的是搞壞身體一樣。」

「所以你的意思是你能回答這問題？」

「是的，即便無才如我，也能提出簡單清楚的真理概念。」

「那你就說吧！是否簡單清楚應該由我來評判才對。」亞歷山大擺出嚴格把關的態勢。

「麻煩您了。所謂真理，其實意思不過就是符合現實的判斷。今天的天氣適合騎馬，這是個符合現實的判斷，我們出門皆知，這就是真理。我的腰帶繩是亞麻色的，這是一個符合現實的判斷，您一看皆知，這也是真理。」

「照你這樣說，那麼任何判斷就都會是真理。」

「真理有許多，但並非任何判斷都是真理。我的腰帶繩不是亞麻色的，今天的天氣不適合騎馬。這兩個判斷就不符合事實，兩者皆非真理。判斷有真有假，哲學家常常說的追求真理，意思就是把符合事實的真判斷跟不符事實的假判斷分開來，也就是明辨真假。」

「明辨真假？但有人說『真』與『假』這兩個字本身的意思就難明？」

「我不認為這是字的意思難明，這只是沒法單憑字的意思就找出符合對象來。了解『男人』一詞的意思不需要認識世上所有的男人，了解『最甜的水果』這個詞的意思，不等於知道『哪一種』水果最甜。同樣地，了解『真』與『假』這兩個字的意思，不等於能決定所有判斷的真假。我們清楚『謊言』的意義，卻無法一勞永逸地辨識出所有的謊言。把意思難明跟辨清符合對象兩者混在一起，便是壞學者愚弄人心的手段了。」

能把如此複雜抽象的問題分析地如此簡單精確，亞里斯多德的確是個厲害的對手。不過亞歷山大並不放棄，確認亞里斯多德意思之後，他提出新的攻擊。

「既便如此，但判斷真假對王儲來說是沒有意義的，國王的目的又不是研究教書，有太多要作的事情：戰爭、外交、內政、調解紛爭，防止叛亂。辨明真假這些交給專業的參謀去弄就好。」

「與參謀交流意見的確很重要，但誰來選定、評價、過濾、監督或整合參謀的意見？難道不是未來的國王您嗎？」

「即使是我，你難道認為，一個不專業人的意見，會比一個專業的人的意見更值得信賴？國王得放棄自己不專業的意見，去接受真正專業的意見。」

「您這樣說，好像專業的人與非專業的人一定會持相反的意見。若是如此，我們只要找一個不專業的人，否定他每個意見就可以得到專業的意見了。辨別真假的能力跟諮詢別人意見，從不相互排斥。一個人並不會因為能辨別真假而自大驕傲。大部分人反而是因不懂的辨別真假而驕傲。這跟不懂打仗的人容易輕敵，不懂武術的人喜歡鬥毆，是一樣的道理。」

亞歷山大陷入沉思，他不得不承認亞里斯多德說的沒錯。

「國王沒有明辨真假的能力，被身邊的人蒙蔽與看輕是很自然的事，我不能明白您對此的輕忽，這等於被身邊的人統治而不是統治身邊的人。這件事的嚴重性與危險性不在話下。國王的威嚴來自能分辨真假的智慧。」

亞歷山大再度陷入沉思。

亞歷山大回道：「就算明辨真假的智慧很重要。但這有具體可行的方法嗎？還是只能提出一些擦亮你的心之類的空洞建言。我聽都聽膩了。」

「我不會提出這樣的說法，我要提的是善用推理思考。」

「善用推理思考？這不是研究學術的人才會用到的東西嗎？」

「不是，推理思考幫助我們明辨判斷的真假。辨明真假常用方法有兩種：

一、確認對方所提推理的理由是否適當。

二、檢查該這說法或其推理出的結果是否跟已知的事實有衝突。

兩者都需要推理思考。推理思考是明辨真假的基本工具。」

「推理思考是明辨真假的基本工具？」亞歷山大從來沒想過這件事，第三度陷入了沉思。

「或許一開始會覺得很慢很麻煩，但那只是不熟練所致，熟練之後就沒有問題了。不過這主題就留給以後吧。一次學太多是記不住的。」

亞里斯多德說完後站起身，對亞歷山大道：「今天課就上到這兒了。我想趁著天氣好，去採集一些植物。我先告退了。」亞里斯多德說完這句話，便自顧自地走出去。

亞歷山大還在思考「真理」、「推論」，他突然發現到自己之前過於輕率地判定思辨無用。但當他回過神來想問問題，卻只看亞里斯多德的背影。

「怎麼會有走得這麼快的老師……」

亞歷山大把布希發拉斯喚過來，摸摸牠的臉：「對不起！以後上課這段時間沒辦法陪你玩了，你要耐心地等我下課！」

★後記

亞里斯多德（B.C. 384-322）古希臘哲學家，哲學家柏拉圖的學生，亞歷山大的老師。亞里斯多德的著作可以說為後來的哲學研究訂下了學問分科的基礎，包含邏輯、物理學、形上學、道德哲學、政治哲學以及美學。

亞里斯多德是邏輯學之父，他一手建立邏輯這門學科，並使之成為一整套的符號系統，延用了超過兩千年。亞里斯多德的物理學、形上學與神學通過當時思想家的介紹，形成了中世紀後期的世界觀。他的政治學、倫理學與美學一直到今天還被認為是極富有研究價值的作品。

這篇故事主要以亞歷山大與亞里斯多德的師生關係展開，內容主要以亞里斯多德的「真理符應說」為核心，另加入一些經驗主義與邏輯推理的簡單看法。希望將亞里斯多德塑造為一個注重邏輯推理的經驗主義者。另外，整個故事也盡量參考了亞歷山大大帝的生平，例如他與父親的關係，這個故事發生的地點，以及他與他的愛駒：布希發拉斯。

★思考練習

1. 亞里斯多德認為人類天生有知識嗎？他認為人類的知識是從哪兒來的？
2. 亞里斯多德如何解釋「有用」的概念？
3. 亞里斯多德認為什麼是「真理」？什麼是「真」與「假」？
4. 亞歷山大說有有人提出「真」與「假」這兩個字的字義難辨明，亞里斯多德如何回答他？
5. 亞里斯多德如何說服亞歷山大明辨真假對統治來說是有用的？
6. 亞里斯多德認為對明辨真假來說最需要培養的能力是什麼？
7. 亞里斯多德認為判斷一句真假最常見的兩個方法是什麼？
8. 你認為推理思考這一點亞里斯多德說的對嗎？為什麼？

STORY 12

亞歷山大的政治學課

亞里斯多德政治學、政治哲學、政府型式、國家的目的、政治的目的、革命

★

西元前三四二年，馬其頓領內的米埃札，菲力二世皇家學院。

「布希發拉斯快走！快遲到了！」

有著黑色蓬亂的鬈髮，雕像般直挺的鼻子，高聳寬闊的額頭，薄窄堅毅的嘴唇，以及如星光般燦爛雙目的十四歲孩童，馬其頓國王菲力二世的兒子，亞歷山大騎著愛馬布希發拉斯直入庭園。

這一人一馬在庭園內左突右衝，路過的僕人有如水面被小船切開一般，往兩側散開。亞歷山大騎著布西發拉斯狂奔，最後在一座建築物前停了下來。

「布希發拉斯，你要在這邊乖乖等我下課喔！」亞歷山大對愛馬道。

據說幾個月之前，這棟圖書室還是亞歷山大最討厭的建築物，不過現在已經成為他每三天必到一次的地方。

亞歷山大氣喘吁吁地跑進教室，今天是他單獨上課的日子。他一屁股坐在椅子上，抓起水杯就喝。

亞歷山大的導師亞里斯多德，身穿著陶立克式希臘長衣，一臉嚴肅，對亞歷山大說：「今天要上政治學。」

「政治學？」亞歷山大舉止大咧咧如野童般，不過亞里斯多德並不在乎這一點。亞歷山大邊搧著風邊問道：「老師你不熱啊？」

「你感覺的熱來自於剛運動完身體內部的快速運作，未來的國王。」亞里斯多德回應：「認清楚處境不同而產生的不同意見，是國王必備的能力。」

「是的，我一開始就知道。」亞歷山大露出燦爛的笑容回道：「我只是嘗試著影響你的判斷，沒成功就算了。」

亞里斯多德不得不承認他有一個聰明絕頂的學生。不過課還是要上的，他清了清喉嚨道：「這堂課我們從國家的概念開始介紹。」

「什麼！」亞歷山大露出失望的聲音道：「國家的概念？不能講實際點的主題嗎？比方說如何改造讓國家變強之類。」

「我未來的國王，耐心一點。不是不能講，是還沒講到。要改造事物讓它變得更好，最好對事物有徹底的了解，才不會只做一些頭痛醫頭，腳痛醫腳的白工。從概念的層次開始思考，你才能對國家有更全面的理解。」

「喔——可是我記得住嗎？」亞歷山大不情願地答了一聲。

「而且你不用擔心記憶，人類思考能從詳盡的事物中找出普遍原理，而這才是關鍵。」

亞歷山大不再爭辯了。

「政治學的目標是了解國家，要了解國家概念，首先要釐清個人與國家的關係。我們可以從兩個角度來分析個人與國家的關係。就『構成』的角度而言，國家是由許多的個人組成的，所以應該是先有個人與家庭，然後地域相近的家庭組合起來成為城市，從城市中誕生國家。」

「既然國家是由個人構成，這樣說來個人比國家更重要？」

「別推論得太急，構成順序不見得能代表重要性的先後。重要性反而與第二種考慮『目的』的角度更相關。農夫在農地旁蓋了屋舍，製作農具，又買了耕作用的牲口，為的是什麼呢？」

「當然就是耕田！」

「耕田又是為了什麼呢？」

「收穫。」

「這些行動的目的是收穫，收穫是未來的事件。對不懂耕作的人來說，這些是一些雜亂無章，毫不相干的事情，但收穫卻能將這些事情聯繫在一起，賦予整體意義。雖然國家由個人構成，但從目的的角度來考慮，國家反而賦與個人意義：人類生存的『目的』是為了要建立國家，是為了要在國家中生活。」

「所以從構成的角度看，個人先於國家。從目的的角度看，國家卻先於個人。對嗎？」

他繼續說：「是。組成國家是人類自然的傾向，國家是順著人類的天性建立的。生存的目的是為了要在國家中生活，就好像農作的目的是為了收成一樣自然。離群索居不是人類生存的目的，人類天生適合而且追求著社會生活。」

「這個說法我喜歡。這能說服聰明的戰士與士兵。」

「聰明的士兵才是打仗的利器，而人類天生是政治的動物真確無疑。大家都同意，眾人的稱讚令人愉悅，眾人的憎惡令人難受，高人一等讓人洋洋得意，不公平待遇讓人氣憤，所有這些情況中當事人都沒有自己本身的增益或損害，但這些增益或損害都是靈魂最直接的感受。」

亞歷山大點頭表示同意。

「公共生活的重要性說明了國家的必要性。國家的法律能維持公共生活的基本秩序。人若沒有法律，就是最糟糕的動物了，人類將會導向無法合作，無知的破壞與自害，最後是文明倒退，社會生活崩壞的結果。」亞里斯多德看著未來的王道：「然而，這只是最消極的部分。從積極的角度來看，國家的存在能讓人變得高貴，人類在國家中能追求忠誠、榮譽、公正、勇敢、團結、犧牲這些德性。總之離開了國家，個人無法完成他本身存在的目的。」

亞歷山大回道：「你說的國家是指所有的國家？還是限定在民主國家？」

亞里斯多德回道：「前一段指的是所有國家，君主或民主是政府形式的問題。這是我們下一個要討論的問題。」

「政府型式的問題？」

「國家可以依照不同的方式分類，海洋的、濱海的、內陸的、文明的、野蠻的、北方的、南方的。不過其中最重要的分類，當然是政府組織權力的方式，我把這叫做『政府形式』。對政府運作的方式與效率有很大的影響。」

亞歷山大深吸一口氣道：「這點不聽不行。」

亞里斯多德道：「我想你對這也會最有興趣。國家依權力組織方式可以分為三種：由單獨一人統治的君主國家，由少數菁英統治的貴族國家，以及由所有人一起統治的民主國家。馬其頓是第一種，其他較多的是後兩種。」

「那三者中哪一種較好？」

「不一定。雖然政府形式與國家的好壞部分相關，但國家好壞的關鍵並不是政府的形式。」

「那國家好壞的關鍵到底是什麼？」

「國家的好壞取決於統治階級的道德程度。道德程度高的統治階級以公益為目標，道德程度低的則以私利為目標。剛剛提到的三種政府組織都有可能因此是好的，也有可能是壞的。」

「我還以為你會說雅典的民主政府是好，而馬其頓的君主政府是壞的。」

「我考察過許多希臘城邦的興衰，民主好而君主壞很明顯違背事實，兩者皆有好有壞。配上剛剛說的三種政府形式，也就有三種好的政體，以及三種壞的政體。」

「三種好的政體與三種壞的政體？」

「所有政體中最好的就是明君領導的政府。以公益為先，又有智慧的君主，能充分發揮政府的效能為所有人帶來最大的利益，這是最完美的國家，我稱為君主政體。但是，這並不代表一人統治就是最好的政府形式，因為它也有一個明顯的缺點。」

「什麼缺點？」

「一人政府也很容易因為統治者的道德程度不佳而變得更壞。不道德的一人政府是暴君政體，這是六種國家中最壞的選擇。政府一旦成為君主私利的工具，將迅速排擠眾人的公益，比其他政體更甚。」亞里斯多德喝了一口水，讓亞歷山大有時間消化這些觀念。亞歷山大靜靜地聽著。

「你的意思是一人統治的政體，不是最好，就是最壞囉？」

「是的，沒錯，我正是這個意思。」

「那我一定得好好做個好的統治者才行。」

「這對您來說應該是不太困難，我繼續分析。由多人統治的政府，好的情況是貴族政體，這是以追求貴族的榮譽為動力的國家。方向上正確但由於人多，意見易分歧，效率自然輸給君主一成。」

「那壞的情況呢？」

「壞的是以追求特定階級的私利為目標的寡頭政體。但由於多人的私利彼此衝突，彼此顧忌，比起暴君政體來要好些，這是倒數第二名的政體。」

「最好的會變成最壞，次好的變成次壞。」

「好與壞是兩個不同的方向，動力越強，為害與增益都會越大。最後一種：多人政府中素質高的公民主導的是民主政體，淪為全民私利戰場的則為暴民政體。民主政體的國家依其行政效率來看，可以說是糟糕的國家了，即使在最好的狀態，也會因為這些鄉巴佬的可憐腦袋，而沒有太大的建樹。」

「我想也是。」

「不過在我觀察雅典的許多城邦中，以私利為目的的國家比以公利為目標的國家要來得多。在這種情況下多人統治的暴民政體反而是最好的國家，因為政府的危害最小。有些人鼓吹民主政府的好處，原因也在於此，民主政府只是因禍得福的好政府。」

「不過對我來說目標很明確，我只要成為好的君王就好了，其他政體我都不用管。」

「了解敵人才能找到有效打擊對方的力量。大致了解國家的起源與類別之後，我們要了解一下國家的敵人。」

「敵人？」

「就跟萬物一樣，國家自然也有敵人。這敵人可以是外來的，也可以是在其自身之中的敵人。前者自然是與其他國的戰爭，這我們現在無法談完，戰爭本身是一種藝術，而且我直覺到……」亞里斯多德頓了一下，他一邊微笑著一邊看著亞歷山大。

「直覺什麼？」亞歷山大瞪大眼睛看著亞里斯多德，戰爭是他最有興趣的話題。

「我直覺在這一點上，您已經不需要跟我學習。如果不是因為我沒有相對應的身分，我反而應該跟您學習才對。」亞里斯多德這段話講得很誠懇，他是真的感受到亞歷山大的戰爭天分。這讓亞歷山大很開心，他最喜歡這點被別人肯定。

「好吧！那你就先說另一個內部的敵人吧！」

「國家內部的敵人，就是『革命』。革命是國家內出現推翻政府的勢力，並因此讓統治陷入混亂。革命的起源不一，但最常見的原因是理念上的爭議，因此最容易發生在多人統治與全民統治這兩種政府，因為這兩種政府需要理念的維持。理念容易出現對立互鬥的兩方，您其實可以好好利用。」

「這是個好主意。」亞歷山大深思著。

亞理斯多德繼續道：「而且這兩種政府因形式本身很容易出現偏見。多人政府是民眾意向主導的統治，這些人往往認為，既然大多數人都平等，那麼所有人在任何方面都應該無條件平等才對，這是一個亂源。而相反地，少數人統治的政府是由菁英主導的統治，這些人往往認為，既然大多數人都不平等，那麼所有人在任何方面都應該不平等才對，這是另一個亂源。兩者都是容易導致革命的偏見。」

「在這點上君主政權似乎相對穩固的多。」

「理念比血統不穩定，但君主政體出現革命也不是不可能。血統本身也可能產生爭議，所以這一定得處理好。」亞里斯多德望著亞歷山大，他彷彿感覺到這可能是亞歷山大未來的危機。

「君主政體也可能出現革命，那有防止革命的辦法嗎？」亞歷山大繼續問道。

「一定程度上的避免是可能的。避免革命主要依賴政府的宣傳與教育。必須讓人民覺得對抗政府是愚蠢的、粗暴的甚至恐怖的。人民一旦有了這樣的印象，推動革命就會變得困難。統治者要控制人民，禁止人民集會，禁止自由思想。要讓人民疲於奔命，窮苦人要比有閒娛的人易於統治，有生命危險的人要比沒有的人更需要領袖。製造戰爭，讓人民無止境地需要領導者，是政府最好的保命符。」

聽完這段，亞歷山大陷入了一段小小的沉思，似乎正記憶與理解這些內容。而往後在他統治下的馬其頓的確陷入了無止境的戰爭。

亞歷山大回過神來，抬頭問：「你認為戰爭是國家的目的嗎？」

亞里斯多德搖搖頭道：「戰爭不應該是國家的目的。國家的目的應該是自給自足的生活。戰爭只能做為一時的手段，目的是為了更多的財富與奴隸。因此，征服北方人可以是正義的戰爭，因為我們可以將他們變為奴隸，但征服希臘人可就不算是正義的戰爭了……」

亞里斯多德這句話還沒完全說完，外面就衝進一名官員，說是有急事要報給亞歷山大。

「什麼事直接說。」亞歷山大對這名官員道，但官員卻面有難色地看著亞里斯多德。

「我的命令。」亞歷山大口氣變得強硬。

「是的。國王陛下攻打拜占庭時，雅典宣布加入拜占庭的同盟。國王命令您統領剩下的軍隊，準備與雅典開戰。」

亞里斯多德聽完這句話，低著頭不發一語。亞歷山大的眼神卻變得光亮。

「你先退下吧！」

亞歷山大對亞里斯多德道：「老師，我記得您對您的老師柏拉圖說過：吾愛吾師，吾更愛真理，是嗎？」

「是的。」

「今天聽過您上有關於政治學的課，我更確定了，吾愛吾師，吾更愛吾國，受教了。」亞歷山大對他的導師說。

亞里斯多德望著他學生的背影，彷彿看到一頭年輕健壯的雄獅的背影。

「雅典啊！不管最後結果如何，願你平安。」亞里斯多德在心中如是道。

★後記

這篇故事介紹亞里斯多德的政治學，借用了馬其頓出兵雅典的歷史事件做為背景。故事的內容參考了不少羅素對亞里斯多德政治思想的描述，不過我已經將羅素主觀好惡部分盡可能移除了。

對照〈海島上的理想國〉，可以發現亞里斯多德與柏拉圖從完全不同的角度來思考政治問題，柏拉圖設想一個理想的國家，亞里斯多德則是透過對國家歷史的考察來提出他的政治思想。柏拉圖談如何讓一個國家完美無摩擦的運作，亞里斯多德卻對實際的政治運作進行觀察、反思與分類。這反映兩人思考出發點的不同與價值觀的差異。

在內容方面，亞里斯多德關於國家與個人關係的部分，到今天依然是很有啟發性的。政府的型式與好壞這個議題，可能與現代的想法有很大的差異，我們今天往往會覺得民主政治形式本身就是比較好的，君主政治則是壞的，但這裡可以提供另一個角度的反思。最後討論革命這段則至今歷久彌新，對民眾的政治教育極富意義。

★思考練習

1. 亞里斯多德認為個人與國家的關係有哪兩種角度。
2. 亞里斯多德舉了哪些例子說明人是政治的動物？
3. 亞里斯多德認為政府依權力組織方式有哪三種？
4. 亞里斯多德認為國家的好壞與政府的形式無關，那到底取決於什麼？
5. 亞里斯多德提出民主政府是因禍得福的政府，這是什麼意思？
6. 亞里斯多德認為革命常見的原因是什麼？
7. 列舉一個亞里斯多德提出的避免革命的手段。
8. 亞里斯多德認為戰爭是國家的目的嗎？
9. 亞里斯多德認為，個人存在的目的是為了在國家中生活，也就是一個人的生存意義應該是他在社會中的表現與貢獻，你同意這種看法嗎？

STORY 13

亞歷山大與戴奧真尼斯

犬儒哲學、文明退化論、文明病、心靈自由、心靈平靜、亞歷山大

★

西元前三三四年，雅典。

年方二十二，剛才繼承了馬其頓王國的新國王亞歷山大，帶著一名親信大臣，十名全副武裝的菁英護衛，快步走在雅典的街上。

亞歷山大打算來找個人，一個住在雅典街上，以桶子為家的智者。他聽聞這個人的事績，引發了他的興趣，遂打定主意來見一面。

這位智者名叫戴奧真尼斯，是蘇格拉底的弟子安提西尼的徒弟，安提西尼則是蘇格拉底的弟子。他跟當時同為蘇格拉底弟子的柏拉圖完全不同，安提西尼認為人除了靈魂的純淨善良之外，所有其他知識都不必要而且有害。他拋棄了世俗的頭銜與享受，與中下階層的民眾為伍，不只在街頭討論哲學，有時甚至露宿街頭。

戴奧真尼斯是安提西尼最傑出的弟子，智慧與德行不在乃師之下。他終年赤身露體，露宿雅典街頭。他只有一個睡覺的木桶，一件斗篷，一根棍子以及一個麵包袋。他沒有住處，沒有財產，沒有工作，甚至不見他提過家人。他把物質需求降到了最低點，不在意任何靈魂以外的事情。他的教導諷刺卻充滿智慧，留下了許多有趣的事蹟。

聞名事蹟之一，是他為了喝水原本保有一個裝水的碗，某天他在河邊，看到一個孩子用手捧起水來喝。看到這一幕的戴奧真尼斯震撼了，他突然了解了碗其實也是非必要的身外之物，於是把碗也扔了。

聞名事蹟之二，是他曾在大白天提著燈籠在雅典街上行走，遇見人就提燈往他臉上照，有人問他在幹嘛時，他回道：「我想在雅典找出一個真正的人。」

聞名事蹟之三是當時希臘動員與波斯帝國開戰，為了龐大的軍力與後勤補給，所有人都行色匆匆。戴奧真尼斯在街頭找不著人攀談，便開始推著睡覺用的桶子在街上來回滾動，故意弄出很大噪音。有人詢問他在做什麼，他回答道：「我也不知道我在做什麼，我只是想跟大家看起來一樣忙。」

幾乎所有人都覺得戴奧真尼斯是瘋子，但亞歷山大不這麼認為。聽聞這些軼聞後他很確定戴奧真尼斯的智慧超乎常人。如果亞里斯多德代表向前進的知識，戴奧真尼斯就是對前進的否定。亞歷山大對自己老師的欽佩讓他覺得戴奧真尼斯的想法簡直不可思議，決定要親自拜訪。

不過他身邊的人無法理解與贊同。

「國王！吾王！您確定要在雅典街頭行走嗎？這不是非常危險嗎？」大臣一邊左顧右盼一邊對他說道。

「雅典街頭危險？這不是我國的國境嗎？」

大臣緊張兮兮地看著四周道：「吾王的安全是這世界上最寶貴重要的。這裡到處有出事的機會……」

「那請告訴我一個完全沒有出事機會的地方。」

「這樣的地方當然是沒有，但是如果在皇宮裡……」

「是的，在皇宮比較安全，不是因為我們準備得比較多嗎？」

「的確是。」

「那你覺得這後面的準備還不夠嗎？」亞歷山大指指前前後後一整排的菁英護衛，這是整個希臘精挑細選出來，最強壯勇猛，忠心耿耿的衛士。其中的任何一個都可以以一敵十，而且隨時準備為亞歷山大犧牲生命。

「可是如果是臨時……」

「誰說是臨時？」亞歷山大瞪大眼睛對著大臣道：「一週前我就祕密下令軍隊清查整個雅典附近可疑的分子，這不是臨時決定的。我一直對清查保密著也是為了安全。」

亞歷山大果然是亞里斯多德的弟子，除了勇猛果決之外，行事周詳縝密，從少年時代就可見一斑，大臣無話可說。

一行人走著走著，已經來到智者露宿的河邊。今天天氣晴朗和煦，溫暖的太陽與清涼的微風交織出地中海最舒適的天氣。充滿綠意的雅典城郊河邊，有個半裸的老人躺在草地上。

「您好。」

一般人看見如此大陣仗的隊伍，必定是正色起身。不過戴奧真尼斯全無反應，他瞇著雙眼，用懶懶散散的聲音回道：「你是誰？」

「馬其頓的國王亞歷山大。」

「亞歷山大？」戴奧真尼斯好像刻意跳過了「國王」這兩個字。他絲毫沒有起身行禮的意思，反而很敷衍地回道：「你報過名字了，但我不認識你。」

「你！」大臣衝到戴奧真尼斯的面前，大喊道：「你竟敢如此無禮！」

戴奧真尼斯道：「又一個不請自來的嗎？」

「臭乞丐，你難道不知道你見到誰了嗎？」

「他剛剛才說是亞歷山大啊！你這什麼蠢問題！你的頭髮已經因為忍受不了你愚蠢的頭腦而離開了嗎？」戴奧真尼斯惡意嘲笑著大臣的禿頭。

大臣怒道：「你這老頭是活得不耐煩了嗎！來人啊！」

戴奧真尼斯望著亞歷山大聳肩道：「你帶了一個禿頭跟這麼多士兵只是為了抓我這樣的老頭嗎？」

「住手！」亞歷山大如雄獅怒吼，聲勢動天，立即停止了混亂的騷動。

「他不認識我，他無求於我，這不是很自然的嗎？我來之前就跟你們說過了。」亞歷山大把大臣痛罵了一頓，並用嚴厲的口氣命令其他人絕不得對戴奧真尼斯無禮。

「戴奧真尼斯先生，我們雖然不請自來，卻對您沒有惡意。我只是聽說在國家境內有如您一般的智者，想向您請益智慧，所以來拜訪您。這些人只是為了保護我而來的，失禮之處請多見諒。」

戴奧真尼斯道：「至少你還算是最懂事的。不過剩下這些無禮的人，我不想同他們說話。」

亞歷山大知道戴奧真尼斯的意思，便打發大臣與士兵到周圍警戒。大臣雖然滿肚子不願意，但總不可能頂撞亞歷山大的意思，只好去分派士兵把附近圍起來。

「戴奧真尼斯先生，現在可以請教您智慧了嗎？」

「亞歷山大先生，可以是可以，但我想以你來說並不適合。」

「是的，我聽聞過您部分的想法，我是自知的。但一個人現在無法接受某些想法，並不代表他永遠都無法接受。我會聆聽您智慧的教訓，將它牢牢記在心裡，等待有用的那天到來。我聽說您宣揚友愛，對來求教的人從不會無情拒絕。所以，我懇請您分享給我您的智慧。」

感受到亞歷山大的誠意，戴奧真尼斯盤腿坐了起來，他道：「好吧！我願同你分享，不是因為你的身分，而是因為你的態度。我是乞丐戴奧真尼斯。」

「我是國王亞歷山大，受教了。」

「我將分享犬儒的智慧。犬儒的智慧認為一個人真正能享受的幸福，就是靈魂自足的平靜與快樂。所有的物質，所有的文明都是不必要的，對幸福有害的。我們只喜愛自然自足的生活，站在所有文明的另一邊。」

「所有的文明？」

「是的，所有的文明。不管是馬其頓文明、希臘文明，還是波斯的文明都沒有差別，我們看你們都是一樣。」

「文明不好在哪裡呢？」

「文明對靈魂有三個害處。」

「哪三害？」

「害處一，文明帶來了虛偽。我們給自己穿上了外衣，戴上了面具，習慣了不誠實的生活。我們給黃金、珠寶、頭銜、權力打上有價值的印記，卻是不實的，無意義的。我們不能在公開場合做出自然的舉動，將自然反應斥之為無禮。文明的市場隨處可見自私、虛偽與狡詐，在這些場合待久了，我們虛偽到忘記了真實的自己，自欺欺人，迷茫愚蠢到無以復加。」

聽著戴奧真尼斯的話，亞歷山大想起了他身邊那些虛偽、驕傲而又膚淺的政客，這些人的確如戴奧真尼斯所言，言語不實，自欺欺人，面目可憎，言語無味，亞歷山大也恥於與這些人為伍。

「您說得一點不假，請繼續。」

「第二個害處是文明帶來了貪婪，文明讓我們想追求的東西越來越多，卻越來越不必要，文明就是不必要的欲望的累積。你們想要的東西太多了，否則你們一定會更幸福。你看我，什麼也不需要，我每天曬曬太陽，想睡覺就睡覺，想喝水就喝水。我不是快樂得多嗎？國王先生，您都已經是國王了，您擁有一切，甚至能決定讓任何人擁有一切，到底還要追求些什麼呢？」

聽著戴奧真尼斯的話，亞歷山大突然看見了一張巨大的嘴，這張嘴不斷地吞吃著周圍的物。嘴巴也越來越大，還長出了肥厚的身體與手腳，像一隻大青蛙。接著，青蛙的身體開始穿戴著金銀首飾。他的周圍開始堆起金銀珠寶，越堆越高，直到漫過他的頭頂。突然間，這些金銀財寶都變透明了，他看見一隻肥胖的青蛙，被周圍的東西壓的喘不過氣來。他努力掙扎想爬出去，卻被自己臃腫的身子所累，最後慢慢地，手腳都失去了掙扎的力量。亞歷山大意識到這一切都是文明的貪婪引至，驚訝地說不出話來。

「亞歷山大先生？」

但他突然驚醒過來。他腦中瞬間閃過了父親的身影、亞里斯多德的身影，背後還有一個巨大的，由波斯帝國皇帝投出來的大型黑影。他聽見了希臘的哭泣，小亞細亞的嘆息以及地中海沿岸島嶼的悲鳴。成千上萬的士兵與百姓的屍體，伴隨著兵刃與馬蹄聲，在國與國的爭執間反覆出現，不曾停息。

「亞歷山大先生？」戴奧真尼斯再度詢問。

回到現實的亞歷山大，安撫著自己的情緒，他深吸了一口氣，以斬釘截鐵的口氣道：「關於這點，我十分羨慕您。我現在有些身不由己。」

「身不由己？」戴奧真尼斯露出了意味深長的微笑，他道：「這正是文明的第三個壞處：束縛。文明之人被各種關係束縛，無法做出忠於自己的決定，無法讓自己幸福。不必要的財產束縛著我們，權利與責任束縛著我們，人與人之間的倫理關係束縛著我們。這一切都讓人不自由。」

「可是……」亞歷山大試著反擊。他道：「人與人之間的關係難道不是好的嗎？我指的是家庭、情愛或者是國家。這些都能激勵人心，讓人感到快樂。」

「有好的一面，我不否認，但壞處肯定更多。家庭從根本上束縛了一個人的一輩子，戀人們在痛苦裡尋找短暫的快樂，國家是一個集中了貪婪虛偽的地方。文明的束縛讓人身不由己，圈綁著每一個人走向自我毀滅，甚至毀滅社會的道路。一個自由的人不應該被任何日常的關係、貪欲、禮節或習慣給束縛，應該過一種簡樸自然，單單追求精神文明的生活，這才是幸福。這就是犬儒的智慧。」

亞歷山大的確活在層層束縛之中，他聽見這話將頭低了下來，沒有答話。

說到此處，戴奧真尼斯眼中卻像燃起了熊熊的烈火，越燒越旺，他道：「亞歷山大國王，我已經看到你眼前的路了。」

「我眼前的路？」

戴奧真尼斯用嚴厲的語氣道：「是的，你眼前展開的是一條與我方才所說相反的道路，這是條文明之路，戰爭之路，死亡之路。這條道路召喚著你，但它只會給你帶來不幸。我給你一個忠告，千萬不要踏上往東方的路，你一旦走上這條路就再也無法回來。」

亞歷山大此時已經不敢直視戴奧真尼斯的眼睛。

亞歷山大回道：「關於這點，我並不是不相信您的。但我現在一樣只能說身不由己。」他說到最後，深深地嘆了一口氣，嘆氣聲透出二十二歲的年輕人絕對不會有的滄桑。

「那麼我該說的就已經說完了，亞歷山大先生，你可以離開了。」

亞歷山大向戴奧真尼斯行禮稱謝，他道：「多謝戴奧真尼斯先生智慧的教訓，您可以隨意提出任何的要求，只要我……」

「夠了！」戴奧真尼斯厲聲道：「我們已經談得夠久了，你走吧！我唯一要求的回報就是別擋著照在我身上的陽光。」

亞歷山大知道他不該再說任何話了。

馬其頓的年輕國王離開了河邊，臨走以前對身邊的人道：「如果神明不讓我當亞歷山大，我願意當戴奧真尼斯。」

同年，亞歷山大的東征勢如破竹。他往東占領小亞細亞，擊潰波斯，獲得了波斯國王的頭銜。再往南下征服了埃及，獲得了法老的頭銜。兩河流域沒有任何一個勢力能阻擋亞歷山大的軍隊，戰無不勝的他一路往東征討到直到印度河畔。在西元前三二三年，也就是十一年後，未滿三十三歲的亞歷山大病死在巴比倫，沒有再回到他的故土，馬其頓帝國隨即分裂，不復存在。後世稱這個戰亂的時代的世界只有兩個真正自由的人，一個是征服者亞歷山大，另一個是乞丐戴奧真尼斯。

★後記

犬儒學派中最傳奇的哲學家戴奧真尼斯（B.C. 412-324），這是古代哲學中明顯與進步相敵的反文明思想，後來著名的思想家盧梭也抱類似觀點，但戴奧真尼斯在思想的踐行上更為刻苦嚴格的，他真的過著乞丐般的生活。

犬儒學派在當時很流行的學派，由於言行合一，戴奧真尼斯的徒眾並不少。西元前三世紀犬儒在亞歷山卓非常的流行，但學說卻慢慢開始變質。犬儒強調對物質生活的否定與其追求靈魂的美德是不可分的，但後期學說太過於強調前者以至於成了一種不負責任的態度。這些人顯出對自己的生活不在乎，顯出對自己的家人不在乎，甚至對自己欠的債或犯的罪也不在乎。犬儒在英文中有玩世不恭的意思，而這個負面的印象絕非來自戴奧真尼斯，而是來自於後傳的門人。

許多犬儒學派觀點被後來的斯多葛派所吸收。斯多葛派並沒有採取全盤否定文明這個激烈的型式，但在注重靈魂與德行，否定貪欲與束縛上與犬儒是一致的。另外，伊比鳩魯學派也可以說是將犬儒追求自然的想法與感官快樂結合的思想，兩者皆十分有趣，我們很快就會遇到。

★思考練習

1. 亞歷山大並不認為在雅典街頭行走是危險的，為什麼？
2. 犬儒認為一個人真正能享受的幸福是什麼？
3. 犬儒對文明有什麼看法？這跟亞里斯多德相同嗎？
4. 自己舉例說明戴奧真尼斯所說的文明的第一個害處。
5. 自己舉例說明戴奧真尼斯所說的文明的第二個害處。
6. 自己舉例說明戴奧真尼斯所說的文明的第三個害處。
7. 戴奧真尼斯勸亞歷山大不要往東方去，亞歷山大如何回應他？
8. 你同意犬儒學派的看法嗎？為什麼？

STORY 14

亞里斯多德的逃亡

形上學、亞里斯多德形上學、實體、型式與質料、四因說、亞歷山大

★

西元前三二三年，雅典，呂科爾斯學院。

亞歷山大父親腓力國王死後，亞里斯多德在西元前三三五年回到雅典，親手建立呂科爾斯學院，從事著述與教育的工作。亞歷山大東征的帶起的暴風，終於吹回到了雅典。

「難道亞歷山大死了？」見到自己親信的探子，上氣不接下氣慌張地跑進來，亞里斯多德竟在心裡迸出這句話。

「亞里斯多德大人。」探子喘了一口氣，才緩緩地道：「我們的國王，您的學生，亞歷山大大帝，五天前於巴比倫病逝。」

這話一說完，亞里斯多德像被雷打著一般失了神，怔在原地。他身後的學生開始騷動，交頭接耳地議論。

「亞里斯多德大人？」探子第一次叫，他卻動也不動。

「亞里斯多德大人！」探子第二次叫，亞里斯多德鋼鐵般的意志帶領他回到現實。

「願吾王安息，願天佑馬其頓，你可以退下去休息了。」

他想到還得帶領如此多的學生，讓他沒有任何悲傷或猶豫的空間。報信人退場，亞里斯多德對交頭接耳的學生們使了個眼色，學生們簇擁過來。

亞里斯多德道：「國王一死，雅典人很快就會開始攻擊跟馬其頓有關的人地物，我們必須依計畫行動。」

「要離開這裡了嗎？」學生問道。

亞里斯多德道：「多說無益，快去準備，我們要去加爾西斯，判蘇格拉底死刑是雅典犯下第一樁毀滅哲學的錯誤，我絕不能讓雅典再犯相同的錯誤。」

由於行動果決，亞里斯多德帶著學生順利地離開了呂科爾斯，他們才離開不到半天，就有人闖進學院，想殺害亞里斯多德。或許因為亞里斯多德的思慮太周密，反應太迅速，後來也有傳言亞歷山大是被亞里斯多德毒死的。

現在，亞里斯多德帶著學生的逃亡車隊，正在前往加爾西斯的路上。

「萊康！」亞里斯多德對一個年輕的學生大叫道。

年輕的學生跑過來，一臉聰明，脫不去稚氣。據說他是亞里斯多德近來所收學生中最有潛力的一個。

「老師。」萊康過來了，恭恭敬敬，他大約十四歲，正是亞歷山大遇到亞里斯多德的年紀。亞歷山大沒有征服不了的國家，卻敗給了自己身上的疾病。

想到這裡，亞里斯多德不禁再度出神。

「老師？」萊康叫醒了出神的老師：「你找我過來有事？」

不覺再度出神的亞里斯多德趕緊正色道：「萊康。你是我學生裡對哲學最有興趣，也最有天分的一個，我希望未來你能扮演更重要的角色。雖然逃出了呂科爾斯，但我還是有不祥的預感。亞歷山大國王在世時，呂科爾斯或許很吃香，但國王一死，馬其頓如果無法壓制住第一波判亂，我們的處境遠比柏拉圖的雅典學院要危險太多，學派很可能會因為雅典人的追害而消失。」

「真有這麼糟嗎？」

「我們都背負著部分政治責任，這也無可厚非。所以我必須盡可能把每個弟子的學問預備的更好，否則我們一起建立的一些思想學說可能會失傳。」

「老師！為了這點，弟子必將犧牲一切。我能幫老師做些什麼？」

「不需特別做些什麼，你年輕的頭腦，對我來說就已經夠了。我雖然留下了不少的文字，還是希望能向你們親自講授一些重要論點，把這些論點傳承下去。兩人對話是最有效率的學習模式，所以我想用對話方式傳授你一些東西。你接下來的任務就是『聽』、『問』、『答』、『想』。可以嗎？」

「弟子一定盡力！」

「好！我想與你討論一門特別的學問：形上學。」

「形上學？」

「形上學是一門為了智慧而存在的學科，一般學科或多或少都有些應用目的，但形上學是純粹為了求知而存在。《物理學》之後我寫了部分形上學的草稿，探討更抽象的『世界觀』的問題。」

「什麼是『世界觀』的問題？」

「問得好。為了有系統地理解這無比複雜的世界，我們必須清楚世界中占最關鍵地位的事物是什麼。世界觀就是對世界中占關鍵地位的主角到底是誰的看法，這個看法影響所有哲學問題的答案。你務必要專心聆聽我所說的內容，仔細地思考與理解，一有不懂就要立刻提出問題。」

「這是一門老師所新創的學科嗎？」

「『形上學』這個字的使用或許是從我開始，不過學科的概念並非我獨創的。我的老師柏拉圖就曾提出一種極端卻又迷人的形上學觀點。他認為感官所觸及的具體現實根本上虛幻不實，理性思考認識到的抽象概念與規則，才是真實的。舉個例子，當你從現實人生中領悟到某些重要的道理之後，會覺得之前種種經歷都是為了了解這個道理而存在的，這就是帶著柏拉圖形上學觀點的視界。具體現實是理性世界在感官上的投影，像映照著真實事物的水面。理性認識的世界才是唯一的、永恆的、真實的。」

「是的，我的確聽說過柏拉圖老師這樣的觀點。」

「那你對這個觀點有什麼意見？」亞里斯多德問道。

「我嗎？我還不敢有意見。」

聽到這句話，亞里斯多德有點生氣，他期待學生能更有挑戰性一點，像亞歷山大那樣，總是充滿著野心勃勃的氣勢。

他道：「為什麼還不敢有意見？我不是請你們要愛真理勝過於一切嗎？」

亞里斯多德試著鼓勵萊康說出對柏拉圖論點的看法，不過萊康一直不敢多言。最後亞里斯多德只好作罷。

亞里斯多德嘆了一口氣道：「我再重述一次柏拉圖的論點：柏拉圖認為抽象世界比感官世界要更真實，因為具體現實物會生滅變化，但理性認識的抽象世界卻是永恆的。由此他判定不會變動的事物要比會變動的事物來得更真實。舉個例子，即使人類跟狗全都滅亡了，具體的狗消失了，承載狗概念的人類心靈也消失了，我們仍不能說『狗這一類』本身消失了。狗這一類依然存在，只是在現實世界中暫時沒有符合的對象而已。」

萊康想一陣子之後，回道：「這樣說聽起來似乎有點道理……」

「但是這整個說法卻是不合理的。」亞里斯多德又想起，如果在他面前的人是亞歷山大他一定會這樣說。

「哪裡不合理？」

亞里斯多德再度試著鼓勵萊康提出具有批判性的看法，不過一樣不成功。

亞里斯多德嘆了一口氣道：「這種說法不合理的地方在於將兩個不該直接相比較的東西來相比較。如果我問你我騎著的這匹馬，跟我寫的『馬』字相比，哪個樣子比較漂亮？你會說哪一個？」

「哪個樣子比較漂亮？」萊康小心地確認。

「是的。一匹真正的馬跟我寫的字相比，到底哪一個比較漂亮？」

「一個是現實的東西，一個是字，要怎麼比哪個比較漂亮？」

「對，柏拉圖的說法出問題的地方就在這兒。兩種完全不同性質的東西，拿來任意比較是很容易出問題的，這時弄清楚比較的原因比比較的結果還更重要。柏拉圖比較抽象分類跟具體事物的真實性，這個『比較』本身就是有問題的。況且，『比較真實』本身就是個十分模糊的概念。現實的麵包可以吃，永恆的麵包無法吃，對飢餓的人來說，哪一個比較『真實』？」

萊康連忙點頭稱是。

亞里斯多德補充：「我反對他的世界觀。我認為感官接觸到的具體物絕非理性世界的倒影。這個世界關鍵的主角是由具體的事物，例如：我、你、你我騎的馬，路邊這些樹木、我們後面的馬車這些所構成的。具體的事物不是幻影，而是真實的存在，我把這些稱之為『實體』。『實體』才是世界真正的

『主角』。」

「是的，原來實體才是世界真正的主角。」不過萊康依舊沒有提出自己的想法。

亞里斯多德繼續道：「我們也要弄清楚柏拉圖為什麼會把主角位置給了別人，才能徹底地反駁他。實體由兩個部分組成：一個是構成事物的『形式』，另一個是呈現形式的『質料』。一尊大理石雕像呈現的外型是『形式』，大理石則為呈現形式的『質料』。這兩者可以分開，因為相同的形式可以用別的材料做，比方說外型相同的木質雕像；這塊大理石也可以被做成完全不同於雕像的另一個東西，例如石柱底基。『形式』與『質料』的區分能了解嗎？」

「可以。」

「任何實體都是由形式與質料共組而成的。形式是抽象的、不朽的；而質料是具體的、可毀壞的。柏拉圖的論點最大的問題，就在於他錯誤地比較這兩者何者較為真實，從這種錯置比較中得出預定的結論。事實上這兩者根本沒有誰比較真實的問題，因為兩者都是實體的一部分。」

「是。」

「理性從實體可以分成型式與質料兩部分，但兼具形式與質料的實體才是這個世界真正的主角。你了解了嗎？」

「我了解了。」

「了解世界的主角是實體非常重要的。你對實體還有什麼其他的想法？」

「想法？」

「任何的問題、想法或看法，或者能不能歸納出一些普遍的規則。」

萊康立刻回道：「我想不出來。」

「好好使用你的想像力，去想想具體的事物在時空中呈現的樣子。特別注意一下在時間的流逝中的實體。」

萊康想了一下之後回道：「我還是沒有頭緒。」

亞里斯多德有一點生氣，他認為他已經給學生夠多的引導。如果是亞歷山大，早就說出他想要聽到的答案了。

萊康露出了一個苦笑。

「實體是會變化的個體。」

「喔！對！」萊康這時才露出恍然大悟的表情。不過亞里斯多德顯然對這種後見之明很不滿意。

「萬物都處在變化發展之中。實體變化的原因有兩種：可能是受到外物或環境的影響，或者是由自己內在意志或驅力引發。冬天到了樹木開始落葉，這是受到外在因素引發的變化，我叫做實體的『動力』；一個少年奮發而成為勇敢的士兵，這是由是物內在的結構引發的變化，我稱此實體的『目的』。」

「所以我們要去加爾西斯，這是我們的『目的』囉！」

「很好。再舉一個『動力』的例子。」

「馬車被馬拉著，這算嗎？」

「好，至少這兩個例子是正確無誤的。這是一個由許多實體構成的世界，不管是因為外力或自身的推動，每個實體都朝著它自身的『完全發展』前進。我們身處這個不斷發展變化的世界，發展我們自身、改造環境，這才是正確世界觀下應有的見識。」亞里斯多德又想到，亞歷山大或許會說馬其頓王國的完整發展就是征服世界吧！只可惜他的生命有限……亞里斯多德又陷入了憂傷。

「老師？」萊康再度喚醒出神的亞里斯多德。

回過神來的亞里斯多德趕緊道：「總結一下我剛剛所說的：目前為止我解釋了形上學中最重要的概念：實體。實體是由形式與質料組成。每個實體都在不斷地發展與變化，而變化發展的實體，又可以辨認出其目的與動力。我稱這四者為事物的『四因』。具有四因的實體才是這個世界最基本的構成物。」

「好，我知道了。」

亞里斯多德解釋完這段，遠方有個學生騎著馬高喊：「老師，快來！有不尋常的東西！」

「不尋常？」因為在車隊中，亞里斯多德沒看清楚學生的面貌，便跟著騎馬的學生前去，他們越騎越偏，等到他發現四周已經沒人時，前面那學生調頭往它的方向騎過來，亞里斯多德才看清楚，迎面而來的居然是年輕的亞歷山大，騎著布希發拉斯。

「吾王——」亞里斯多德知道這是不可能的，不過面對現在這個狀況，他也只能這樣對應。

「好久不見了，亞里蘇多德。」

「是的，十年了。您的威名已傳遍天下。」

「你記不記得我們第一次見面那一天，天氣也是這麼好。」

「是的，我還記得我帶著駱駝毛皮的傘，我們研究了好久。」

「是啊！真懷念啊！那堂讓我耳目一新的課。」

兩人一時都沉浸在過去快樂的記憶中。

「我有話跟你說，亞里蘇多德。」亞歷山大的話劃破了沉靜。

「吾王有什麼要交代的嗎？」

「沒有，我只是來看看你，我要跟你道別了。你知道我已經病死了，這就是我這一生的完整發展了。我想跟你說的是：一直到死後我才發現，亞里蘇多德，我很懷念你的課。」

「吾王，承蒙厚愛。我想不管您去到哪裡，我們都應該會再相見的。」

「是的，不久後我們會再相見的。不過我還是希望你活得久一點。好好保重身體。再見了，我最敬愛的老師。」

說完這句話後，亞歷山大與布希發拉斯的身影，變得越來越模糊透明，最終完全消失在空氣之中。

看著消失的亞歷山大，亞里斯多德突然又想起了多年前面對柏拉圖的自己。他之所以這麼喜歡亞歷山大這樣的學生，或許正因為他一直渴望成為像他老師一樣的人。

亞里斯多德帶著學生成功地逃到加爾西斯，令人錯愕的是，一年過後，西元前三二二年，他就因病去世。

★後記

這篇故事主要是亞歷山大死後亞里斯多德逃亡的故事。主題是亞里斯多德形上學的「四因說」。在批評柏拉圖哲學這點上，我借用當代的經驗論者萊爾（Gilbert Ryle, 1900-1976）的論點來批評，將柏拉圖對理型與具體事物的比較視為一種「範疇錯誤」。我認為這能更清楚地對立這兩種不同的思考方向。

亞里斯多德提出的實體概念，形鑄了形上學中一支對抗柏拉圖主義的力量。在拉斐爾的名畫〈雅典學院〉中，柏拉圖的一手指著天上永恆的理念（見〈柏拉圖的夢境〉），亞里斯多德的手往前指著現實界不斷發展的實體。這對師徒可以說形構了哲學千年以來的戰場：理性與經驗；心靈與世界；永恆與變化；理想與現實。一直到今天，這種對立的觀點在當代哲學討論中都還看得出來。

最後，故事中的「萊康」是為了說故事的虛構人物，我只是挑了亞里斯多德弟子中的一個名字來寫，跟實際人物的學說並無關聯。

★思考練習

1. 亞里斯多德一開始對萊康生氣的點是什麼?
2. 亞里斯多德如何重述柏拉圖的世界觀?
3. 亞里斯多德批評柏拉圖的世界觀主要的錯誤是什麼?
4. 亞里斯多德認為世界上最基本的事物是什麼?
5. 簡述「型式」與「質料」的區分。
6. 簡述「目的」與「動力」的區分。
7. 你比較贊同誰的世界觀:柏拉圖的?還是亞里斯多德的?為什麼?
8. 說說看你現在想要「完全發展」成怎麼樣的一個人?

STORY 15

皮羅先生

懷疑主義、皮羅主義、不可知論、保持中立、心靈的平靜

★

公元前三三〇年，愛奧尼亞。

皮羅先生是個奇怪的人，他的口頭禪是「不一定」。

有一次皮羅先生看見上半籃有蟲的蘋果，旁人說：「這籃蘋果全長蟲了。」皮羅先生回道：「不一定喔！」仔細翻找蘋果，真找出兩三顆好蘋果。

有一次皮羅先生看見一堆看來臭掉了的雞蛋，旁人說：「這籃雞蛋全臭了。」皮羅先生卻回道：「不一定喔！」仔細翻找這堆雞蛋，真找出兩三顆好雞蛋。

皮羅先生並非總如此幸運。

有次朋友勸他別走一條常有強盜出沒的路，他還是走了，卻被強盜抓起來，差點被殺。朋友嘲笑他，他只淡淡回了一句：「至少我證明被強盜抓起來又不一定會死。」

強盜事件之後，許多人都把皮羅先生當笑話，不過，他並不急著辯駁。

某一天，皮羅與友人一同搭船運送貨物。這是個風平浪靜的早晨，萬里無雲的天空配上和煦的陽光，地中海湛藍的海水平靜宛如巨大藍寶石。

船長道：「天氣真是好，開船的好日子。」

水手道：「對啊！今天天氣好極了。」

除了船長與水手之外，還有三位送貨組員，不久又到了兩位。西德謨看著萬里無雲的天空，埋怨道：「虧我帶了雨傘。」西德謨是皮羅的朋友，比皮羅年輕，個性純真直率。他就是警告皮羅別走強盜路線的人。事件之後他對皮羅的話相當輕視。

西德謨身後跟著一個比他更年輕，也是這次運送計畫組員之一的提蒙。提蒙是西德謨的朋友，不認識皮羅，個性也一樣謹慎保守。這不是兩個人第一次出海，卻是初次參與這條運貨航線。

提蒙對船長喊道：「船長！要帶多少水？」

船長調整著船帆回喊：「一壺水就夠了，你以為我們能去多久？搭個順風船，馬上就回來了。」

這是艘地中海常見的三桅帆船，載客人數不超過十名。水手熟練地從船上跳上碼頭，補充道：「帶太多東西反而讓船跑得慢。」

西德謨站在碼頭邊放下行李，露出無奈的表情。

船長嘲笑道：「你帶這些幹嘛？釣竿？雨傘？有常識一點好嗎？我們是在船艙裡！」

「我第一次出這條線的任務。」西德謨回道。

「先暫存小貨間！我們愉快出航，迎著晚風回家，搞不好下午過一點就回來了。」

水手問道：「不是還有一個人嗎？」

「你說皮羅嗎？我不知道，他等一下就會來了。」西德謨轉身過去跟提蒙說：「等一下你會看到我之前跟你說那個超級怪人。」

「你說那個什麼都說不一定的人嗎？」

在準時範圍內，皮羅背著大背箱走了過來，背箱上插著雨傘、魚竿還綁著一捆繩子，箱子裡除了衣服甚至還有工具，光是外觀就嚇壞所有人。

「您好，我是今天的組員皮羅。」皮羅是個有著鬈曲黑髮，細長眼睛，身體細瘦，講話慢條斯理的人。他看起來不特別精明，但卻也不笨。

「你帶這麼多東西幹嘛？」船長皺著眉頭問道。

「未知的路線我考慮的較多，所以多準備了一些東西。」

船長口氣微怒：「天氣這麼好，你不相信我的航海技術嗎？」

皮羅回道：「我只是純粹個人容易擔心，並沒有否定任何人。」

「皮羅先生，你又帶著神祕大箱子出門了。」西德謨走過來，語帶嘲諷。

「上次多虧它，我才能撿回一條命。」皮羅像是在裝傻。

「我一開始就跟你說那條路有危險。」西德謨還是不放過他。

「我知道，很感謝您的忠告，但我只能說我最不希望的情況發生了。」

「你今天真的要帶著這個箱子嗎？套句你常說的話，不一定用得上喔。」

「是的，但也不一定沒有用。」皮羅回道。

西德謨挑釁越來越直接。

「一定沒有用！」船長用堅定的語氣道：「老天！我航海這麼多年了！我

是專業的。」

水手也也幫道：「對！我們船長航海經驗豐富，判斷絕對不會錯的。」

「是啊！今天天氣顯然特別好呢！」提蒙也幫忙說話。

「謝謝大家的建議。但是……我最怕這種情況。越是大家深信不移的事情，我越害怕會有『不一定』出現。」

「你……」船長有些生氣，水手拉著他，提醒他理智一點。他隨即道：「好！這箱子太大，如果上船算是貨品了，我要收費。」

「多少錢？」皮羅算了運費給船長。

西德謨轉身對提蒙說：「我說怪人吧……」

皮羅帶著他的大箱子上了船，西德謨與提蒙在一邊聊天，天氣依然晴朗。

「出發囉！」水手大喊。

載著五人的小船，在晴朗天空的祝福下出航，碧藍色的清澈海水，看不出一點未來的跡象。航程一開始十分順利，三位非航海人員在船艙裡，西德謨一直與提蒙在聊天，皮羅則是在一旁安靜地看著一份卷軸。

「皮羅！」西德謨走向他道：「看來你會讀字。」

「我識字。」

「你看過書嗎？」

「我看過書。」

「那你能否告訴我書到底有什麼好看？識字的人不是都說書很好看！」

「有好看的，也有不好看的，不是全部都一樣。」

「怎麼辨別書的好壞？」

「沒有一定的方法。」

「怎麼可能沒有一定的方法？」

「其實跟辨別好人、壞人一樣。你認為有什麼一定的方法可以辨別人的好壞？」

外面忽然一聲雷聲。三人奔出船艙，小船籠罩在厚厚的烏雲之中，閃電大作，狀況看來十分凶險。

「怎麼回事？」西德謨問道。

「暴風雲！」水手大喊。「你們有誰！到底誰得罪了神明？怎麼會有這樣可怕的暴風雲出現？」

西德謨語氣慌張：「我們該怎麼辦？」

「先回船艙！坐好！船要開始顛了！」船長掌著舵，迎著風大喊道。

三人回船艙，氣氛凝重。不出半刻，暴雨像瀑布落下，又有新事件發生。

「怎麼開始滴水！」西德謨大喊：「這不是船艙裡嗎？」船艙裡開始滴下大大小小的雨滴，大概是船體年久失修，暴雨太大，艙頂積水。滴在西德謨的頭上的水越滴越大，他忍不住憤怒：「天啊！早知道就帶雨傘上船！」。

同一時間，皮羅十分鎮靜從他的行李箱裡抽出雨傘道：「這支雨傘很大，大家一起撐吧！」

這個暴風雨雲的意外真是誰也想不到，大家撐著雨傘擠成一團，船身不斷劇烈搖晃，艙外忽然傳來船體斷裂的聲音。

「我出去看看！」皮羅對兩人道。

皮羅攀出艙外，發現暴風雨與巨浪已經完全包圍了他們的小船，狂風正將小船的帆撕成碎片，巨浪打在船身上，像要吞沒船體。

「救我！」水手大喊著。

甲板剛上來大浪，看不到船長，水手掛在船側，差點被浪捲走。

皮羅緊握著船體部分當扶手，伸手拉住了一半身子掛在船外的水手。

「拜託請拉我上去！」水手大喊。

「等我！我一站穩就用力！」

這時他們突然聽到喀拉一聲木桅斷裂的聲音，接著是桅杆慢慢傾斜，正往他們這方向倒過來。

「天啊！你快走！不然我們一定會被砸死的！」水手喊道。

「可是你……」皮羅緊抓著他不放。

「相信我！我們一定都會被砸死的。」水手大喊道。他的身體又往外滑了一段，皮羅要是放開他，他立刻就會被海水捲走。

「不一定喔！」看著即將倒下的桅杆，皮羅喊叫著：「不一定！」

「一定，你快走！」

「不一定喔！」皮羅用最大的力氣叫喊。

無情桅杆依照重力定律落下，但上天卻彷彿聽見皮羅的聲音，最後一刻桅杆被凸出的艙頂卡住，沒砸到他們。皮羅趕緊把水手拉上船。

「帆壞了，沒有人掌舵，我們的船要沉了。」

「如果我去掌舵的話你覺得可行嗎？」

「一定沒辦法的。這麼大風雨，掌舵可能也沒用。」

「不一定！讓我來試試看。你先回艙裡，反正有人在舵前應該會好一點。」

水手爬進了船艙裡，跟其他兩個人坐在一起。

西德謨問水手：「外面狀況怎麼樣？」

「很糟！我們死定了。」水手對其他兩個人說，三人一片沉默。

外面風雨雖大，不過過了半晌，卻傳來皮羅在風雨中的歌聲。

「不一定喔——不一定喔——暴風雨不一定能吞沒我們——不一定喔——人生的不一定比一定更多！」

或許是太過驚嚇、太冷或者早上吃的食物不夠多，三個在船艙的人很快地睡去。一夜過去，初升太陽的陽光灑在他們身上，讓他們悠悠醒轉。

「各位夥伴！」

「夥伴？」西德謨睡眼惺忪地看著從艙外進來的皮羅。

「告訴你們兩個好消息。第一，我只花了一夜就學會了如何開船。第二點，我們快在一個可能是無人的小島靠岸了。」

「無人小島？」提蒙回道。

走出艙外，天氣跟他們出發時一樣平靜，不過已經沒人敢再繼續相信這平靜會一直持續。他們發現自己的船停在一個小島的海岸邊。皮羅與西德謨、提蒙以及水手四人初次登上這個無人島。

「這個島，會有人嗎？」西德謨問道。

「我不知道。」皮羅回道。

「這島沒人的話我們就注定死在這裡了。」水手沮喪道。

「不一定。我們應該會有機會修好船，開船回去。」皮羅回道。

「你知道現在狀況船有多難修嗎？我們又沒有工具？」水手沮喪道。

「不一定。」提蒙開始幫皮羅講話了，他說：「皮羅先生救了我們，聽聽他怎麼說。」

「我的箱子裡有工具。」

打開皮羅的箱子，裡面幾乎什麼都有。從食物、簡單的草藥、魚竿，刀子，小型的斧頭，打火的用具，修理工具，還有一堆衣物。皮羅把它攤在四個人面前時，三個人都驚訝得合不攏嘴。

「皮羅先生！你根本就知道我們會到這島上來吧！」看到如此完整的工具，西德謨終於忍不住笑了出來。

「我一開始真的不知道。」皮羅回道。

「有了這些工具，我們一定能回到原來的世界去。」水手破涕為笑說道。

「其實也不一定，就是可以努力看看。」

「皮羅先生說的對，那我們就一起努力看看！」提蒙道。

水手問接著道：「要讓船跑的話，有兩種方式，我們要造槳還是要造帆？離岸邊近的話用槳方便些。離岸邊太遠的話用帆快些。」

西德謨道：「我認為我們用帆比較好，因為我們不知道離岸邊多遠。」

提蒙道：「我認為我們用槳比較好，因為從回程來看的話，我們應該離岸邊不遠。」

水手問道：「皮羅先生認為呢？」

皮羅一副被嚇壞的表情，因為大家都開始叫他「先生」。他摸著頭，十分不好意思：「我認為？兩個都造不行嗎？」

西德謨拍著自己的頭大喊道：「我怎麼沒想到呢！」

提蒙道：「皮羅先生說的是，充足的準備才能應付不可知的未來。」

接下來的船隻修復工作很順利，四個人合作尋找食物，修補船隻。有了皮羅多帶的魚竿、繩子還有刀子，省去了很多麻煩事。另外，皮羅也是唯一對植物有比較多認識的人，所以找了一些食用植物，最後大家平安度過了修理船隻的三天，還存好了船上用的補給。最後一天晚上，他們圍著營火談話。

「我們明天一定能成功，對吧？皮羅老師。」水手問道。

「如果讓我來說，我還是會說『不一定』，我知道或許大家想聽正面的話，但事實才是我們最可靠的夥伴。」皮羅用誠摯的語氣回道。

西德謨問道：「難道老師覺得我們會失敗？」

「不一定，對我來說還沒發生的事情都是不一定，我們都沒辦法知道下一秒會發生什麼事。這就是我眼中的事實。」

「可是對未來我們總得下個判斷，我們到底該怎麼說？」提蒙問道。

「明天有機會成功或很有機會成功，而不是『一定』。」

提蒙問道：「那到底甚麼樣的想法才能算是『一定』？」

皮羅回道：「對我來說所有的看法都是不一定，因為我們每個人都是基於自己的觀察角度、有限的經驗與知識做出判斷。觀察有可能會出錯，個人經驗總是有限，而我們的知識也常常不夠甚至含有錯誤。認清了這些點，你就會了解其實承認『不一定』才是面對事實。」

「這樣說會不會太保守，或太消極了？」

「保守或消極是一種主觀的態度，跟事實其實並沒有關係。面對不一定的事實你可以消極等待，但你也可以積極面對，考慮各種可能性，做更充分的準備，讓你更安全。」皮羅現在是最有資格講這句話的人，因為其他三人就是靠他的準備存活至今。

西德讚回道：「有道理。」他已經開始放下對皮羅的輕蔑了。

皮羅繼續補充道：「更關鍵的一點是，預留『不一定』的想法能讓你保持平靜的心情。外在事物的變化往往超出個人知識或控制之外，將自己的判斷與慾望建立在變化的外物之上，就等於把我們的脖子上銬，再把鍊子交給事物。對事物可能的發展不加以判斷，保持中立的立場，才能維持心靈的自由與平靜，這才是保持『不一定』的觀點最重要的原因。」

三人聽了這話，開始沉思起來，最後也都了解了皮羅的智慧。

「皮羅老師，我看你真的十分有智慧呢！可是為什麼，你之前會特別挑有強盜的路走呢？」提蒙問道。

「那條路其實不是我選的，而是同行伙伴選的。我無法改變他的心意，只好盡全力做準備。」

知道這件事的西德讚再也不提這件事了，他終於了解到，自己還沒弄清楚事情就開始嘲笑別人是很不智的。

隔天，皮羅一行人乘坐修好的船順利地離開了無人島，順利地回到希臘。

後來西德謨與提蒙都成為了皮羅先生的弟子，他們建立了一個叫做「懷疑論」的學派，透過對任何獨斷的想法的懷疑與保留，做最充分的準備，並贏得內心的真正的平靜。

★後記

這篇故事是目前為止的故事中，虛構成分最多的一個。為的是突出本篇的主角皮羅。皮羅（B.C. 360-270）是希臘化時代的希臘人，懷疑論（或懷疑主義）的始祖。他出身於希臘的愛奧尼亞，早年曾經到埃及與波斯去旅行，受到當時東方宗教與哲學的影響。

據說皮羅本人的生活與懷疑論的信條相一致，他常常懷疑自己是否真的會從高處掉落而跌傷、被熱氣噴濺而燙傷甚至被高速衝過來的馬車撞傷。西德謨與提蒙雖然是皮羅懷疑主義的門人，但時間點卻不正確。筆者讓他們穿越時空變老了幾歲，並與老師進行一場對話。

故事中刻意強調了懷疑論對未知可能的充分準備，我不認為這是歷史事實，但我認為這可能是懷疑論的現代意義，發揮這點對這個競爭繁忙的現代世界似乎是有益的。哲學討論中懷疑論對於知識的徹底懷疑請看下一個故事〈獨眼巨人提蒙〉。

皮羅為首的懷疑論在哲學上也被歸為「不可知論」，意思是對一切抱持「不可知」的態度。這跟笛卡兒（Rene Descartes, 1596-1650）先懷疑一切再慢慢建構出知識的想法完全不同。你可以說皮羅式的懷疑主義對理性十分悲觀，而笛卡兒只是利用懷疑的態度當工具來讓自己更理性而已。

★思考練習

1. 皮羅先生的口頭禪是什麼？
2. 西德謨問皮羅書好看嗎，皮羅怎麼回答他？你覺得有一定的方法分辨好人、壞人嗎？
3. 皮羅對認為未來會發生什麼這件事的看法是什麼？
4. 皮羅認為我們所有的想法都是不一定的理由是什麼？
5. 皮羅如何回答凡事都「不一定」有可能會太消極的問題？
6. 皮羅認為對事物抱持「不一定」的態度最關鍵的好處是什麼？
7. 你認為抱持「不一定」的態度真的能維持比較平靜的心情嗎？為什麼？

STORY 16

獨眼巨人提蒙

懷疑主義、皮羅主義、感官知識、理性知識、不可知論、保持中立

★

西元前三世紀初，日期不詳。

亞歷山大的東征帶著驕傲的馬其頓人一路從希臘、小亞細亞、巴勒斯坦、波斯、埃及、阿富汗征服到印度的西邊。西元前三二三年六月十日（或十一日），年輕的亞歷山大病死在巴比倫，人類歷史上第一個跨歐亞非、卻後繼無人的帝國，被亞歷山大的部下所瓜分，陷入長達四十年的繼位者戰爭。

西元前三〇一年的伊普蘇斯戰役結束了前半段的繼位者戰爭，多名將領聯合圍攻名將安提柯，安提柯兵敗戰死。帝國被戰爭的勝利方分割為四大王朝：

卡山德統治希臘，科西馬克斯佔據小亞細亞，塞琉古一世得到了波斯，托勒密一世則分得巴勒斯坦和埃及。

這個故事發生在伊普蘇斯戰役之後的三年，四大王朝仍繼續交戰不斷。希臘人繼續往小亞細亞與巴勒斯坦殖民，希臘的哲學與文化也慢慢傳入當地，與當地原有的思想、宗教、文化融合。故事主角是兩名遠赴小亞細亞去當老師討生活的希臘人。

地點在希臘往小亞細亞路上某個無名小鎮。連年戰爭加上饑荒使該鎮的人口迅速減少，只剩下原來的四分之一，象徵死亡的渡鴉反而比人還多。小鎮街頭佇立著兩個找個旅店休息的旅人，但此地已經因戰爭破壞而沒有旅店了。兩位異鄉人在街頭開始聊了起來。

「我的名字是萊康，雅典人。」萊康字正腔圓，他身上披著優質布料裁成的陶立克式希臘長衣，戴著精美的腰帶與鐵胸針，眼神與聲調充滿了自信。

「我是提蒙，獨眼巨人。」帶眼罩的提蒙自嘲道。提蒙只有一隻眼睛，穿著樸素的愛奧尼亞式長衣，體態較瘦弱。看似兇狠的臉上卻掛著親切的笑容，聲調也隨和許多。

「天色已晚，看來我們找不到地方可以過夜了。」萊康道。

提蒙道：「不一定喔，我來試試！」

提蒙最後拜託了鎮上的麵包師傅，多付了三倍的麵包錢，借宿在屯麵粉的倉庫裡。

看著髒兮兮的倉庫，萊康用抱怨的語氣道：「我們只付這點錢，我看他們連燈都不會給我們。」

「不一定喔，我來問問！」

交涉之後店家送來了薄毯、油燈、麵包以及一瓶清水，提蒙連忙稱謝。

提蒙邊鋪毯子邊道：「雖然比不上旅店，至少是有個棲身之處了。不過這一路治安很亂，住在旅店裡反而更容易成為搶劫的目標。」

「那早知道就雇一輛馬車了。」

「馬車也是很明顯的目標，我在路上親眼看見到馬車被搶。」

兩個人終於完成了簡單的布置，坐在鋪好的毯子上，吃著麵包準備休息。

「你的老師是？」萊康不經意問起。

「皮羅先生。」提蒙回答：「你的老師是？」

「亞里斯多德。」萊康回答。

「亞里斯多德！亞歷山大大帝的老師！你的老師可真有名。」

「哪裡！哪裡！」萊康答道：「老師的成就可不能代表學生的成就，而且有個如高山般的老師也很煩惱啊！」萊康接下來的談話，部分是因為崇拜亞里斯多德，部分也是因為自己師出名門，開始詳述著老師何等嚴格，同學何等的聰明出眾。提蒙附和著他的發言，沒有鼓勵卻也沒有打斷他。

「總之當名師的學生，壓力也是很大的。沒有成就是對不起老師，有成就感覺也是老師的功勞。如果是您自然就沒這方面的困擾了。」其實這是帶有攻擊性的話，萊康不自覺就脫口而出。他自己說完之後，也呆了兩三秒。

「這個自然。」提蒙淡淡回道，他看來臉色正常，沒怎麼放在心上。

萊康道：「我有點好奇，你說的皮羅老師到底是種哪一種傳統的哲學？」

「哪種傳統我並不了解，不過皮羅老師有套蠻特別的看法，我個人還蠻喜歡的。」

「喜歡？」

「不是嗎？這個字有什麼不對？」

「沒有，我只是很少在專業討論裡聽到這個字了。」萊康的姿態越來越像是知識上的專家或貴族，瞧不起只有熱情支持的研究者。他想看看這些鄉下人到底在做些什麼，便回問道：「能請問你，皮羅先生的哲學主要討論些什麼嗎？」

提蒙回道：「我很高興能同亞里斯多德的門人討論哲學。皮羅哲學最有趣而且重要的想法是，對於世界中的事物我們什麼也不知道。」

「什麼也不知道？」萊康覆述了最後幾個字。

「是的。用更學術的方式來說，如果知識追求的是事物的『真實面貌』，則我們一無所知。我們被稱為『懷疑論』，因為懷疑一切的知識。」

這說法跟亞里斯多德有很大的不同，萊康吃驚：「為什麼這樣說呢？」

「理由有些複雜，請容我分段介紹。第一，知識並非與生俱來，人生而無知，知識來自於我們與世界的接觸。身為亞里斯多德的門人，想必你也同意。」

「是的，亞里斯多德的確也抱著這樣的論點。」

「第二，習慣或熟練不等於知識，因為知識需要理性的反省與確證。生活中許多實用技術或技能都不是知識，因為這是透過熟練實用得來的。」

「這也沒問題，亞里斯多德也認為知識需要反省。可是我們的確能透過感官認識事物，也能透過理智反省來確認知識。」

提蒙微笑道：「是的，這裡開始是皮羅哲學的特色。我們認為我們現有對於事物的看法，最多說是事物的『表相』，也就是事物『看起來的樣子』，並不是事物『真正的樣子』。」

「『看起來的樣子』與『真正的樣子』？感官知覺有如此值得懷疑嗎？」

「您的老師對生物有很多的研究，應該知道不同的生物具有不同的感官結構，這些結構的差異也讓生物感知到完全不同的世界，不是嗎？」

萊康想了一下下之後答道：「是的，不同生物的感知到的世界有很大的不同。不同構造的眼睛，視覺經驗應該會完全不同。」

「我們無法想像熊或狗的嗅覺，因為我們的感官沒那麼靈敏。感覺經驗受到感知者生理結構的限制，感官對事物的認識不見得是事物真實的樣子。我們已經知道有些人看到的顏色比一般人少，而我這個獨眼人，看東西起來就算顏色與形狀無礙，卻往往沒有距離的感覺。生理結構的差異就是第一個值得懷疑的環節。」

萊康回道：「你不能老是舉些特殊的例子，知識的來源是正常人的感官，難道不能說感官知覺對於正常人來說，大家都會是相同一致的嗎？」

「一致不代表正確，正常人類知覺很容易受到干擾。舉例來說，視覺、聽覺與嗅覺是不同的感覺，但知覺會主動地組合這些相異的感覺，這些組合往往很不可靠。看到人嘴形時聽到說話聲，往往會影響聽見的聲音。」

「多種感官經驗組合的確有些爭議，如果以單一感官專注觀察單一事物，就沒有你所說的問題了？」

「這假設即使成立，也與事實不符。事物從來不會單一地進入我們的知覺範圍，事物總是與其他的事物或背景一同呈現在我們面前。複雜的背景與交錯的線條創造了可議的空間。」

「我認為你這有點像雞蛋裡挑骨頭。」

「理性尋求確定性，對無法確定的資訊懷疑也是很自然的。另外，情緒與信念也會影響我們的所見所聞。有人因為害怕將繩子視為毒蛇，將影子視為鬼怪。味覺與嗅覺更容易受主觀想法的影響，我們很多時候因為知道這是我們厭惡的食物，所以嚐到我們厭惡的味道。」

「既然你們認為感官收集來的資訊完全不可信，那這樣『看見』跟『沒有看見』又有什麼差別？」

「感官知覺能讓我們認識到事物的『表相』，但無法得知它們『真實』的樣子。蜂蜜本身到底是否是甜的，這我不知道，但對我而言蜂蜜『似乎是甜的』。我們對事物的真實性保留判斷，只判斷它的表相。有智慧的人應該將自己的判斷停在應該停的地方。」

「剛剛所說的或許適用於感官知覺的知識，但數學與邏輯的知識不是由感官知覺得到證明，而是由理性反省推論而來的，這類知識總沒有問題了吧？」

「理性推論的問題並不亞於感官知識。這類知識多半是從一些不可置疑的『自明公理』開始進行推論，自明公理可以推出不少定理，但這些自明公理本身，又要從何處得到證明呢？」

「所謂『自明公理』不就是因為不可置疑而成為證明的出發點的嗎？亞里斯多德認為不可能懷疑思考的基本公理，因為假想這些思考公理不正確是不可能的。」

「即便無法假想這些公理不正確，我也可以懷疑自己的假想能力不足夠。理智對於簡單易懂的定理，需要尋求推論來證明，為什麼對於這些更抽象，更基本的『自明公理』，反而不需要證明就能確定。這好像有個人對於他人生中最重要的原則提不出任何說明，一些莫名小習慣卻說得頭頭是道，這不是很諷刺嗎？」

萊康認真思考了一下，發現提蒙的論述並非無理。反問道：「所以你認為我們根本沒有發現不可懷疑的『自明公理』的能力？」

「是的，我一樣懷疑人覺得不可懷疑的，就是正確無誤的，這種說法本身也可能出錯。理性知識要不然就是從『自明公理』出發，要不然就是無限後退的尋找證明，這兩者在我看來，問題都不會小於知覺。所有的知識都有值得懷疑的空間。」

萊康急於反擊自己在論理上的劣勢，於是道：「你如此致力於攻擊知識，難道皮羅哲學本身的說法就不是一種『知識』嗎？」

提蒙回道：「沒錯，皮羅哲學並不自認是一種『知識』，而是強調一種不可知的『態度』，一種持保留的『態度』。承認對事物的了解只停留在表相，習慣將想法放入括號，不肯定也不否定。這樣的想法不但不矛盾，還能讓我們的思考自在許多。這種保留的態度甚至對人與人之間的倫理關係也一樣。」

「人與人之間的倫理關係也一樣？」

「是的，倫理關係也一樣。宗教、倫理、風俗、文化甚至法律更是因地制宜，在一個地方認為是公正的，在另一個地方可能完全不是。東西的價值往往與它的罕見程度成正比，而不是用處。這裡的困境與知識問題一模一樣。」

萊康再度發起攻擊道：「這樣說不就變成人與人之間沒有倫理規範可言了嗎？這顯然是荒謬的！」

「倫理規範還是有的，有不同的價值觀存在，反映出最重要的倫理就是『寬容』。『寬容』是不涉入爭執與爭論，不強迫別人改變行為與價值觀，尊重彼此在行為與價值上的不同。『寬容』是皮羅哲學最重視的品德。」

「寬容？」

「是，對一切他人行為的寬容。」

「你說的容易。」萊康皺起眉頭道：「寬容在我看來根本是一個自相矛盾的態度，你如何寬容一些態度上不寬容的人？」

「這問題包含太多複雜的元素。我只能說要仔細考察對方不寬容的『程度』。如果對方只是小部分不寬容，其實可以忍受。但如果是全面性的不寬容，甚至壓迫別人，我會試著說服他站在更全面更寬容的觀點上。」

萊康沒有再多說話，他眼中提蒙的確變成了思想上的巨人，令他見識到亞里斯多德以外的人也會有獨具特色的深刻思想。

提蒙後來在小亞細亞講學發了大財，光榮地搬回雅典，繼續過著他平靜寬容的生活，直到西元前二三〇年。享年九十歲。

★後記

在這個故事中，萊康只是為了串接不同故事的虛構人物，提蒙（B.C. 320-230）是之前在〈皮羅先生〉討論過懷疑論者皮羅的弟子。〈皮羅先生〉的故事把重點放在人生旅途的不可知之上，〈獨眼巨人提蒙〉的故事把懷疑論者對於「知識」與「倫理」這兩個領域的態度說得比較清楚。

提蒙的懷疑論的確什麼都懷疑，但他不是整天只做懷疑這件事，他只是對所有的意見都帶著保留，對其他的人抱持寬容。懷疑論對知識與倫理的判斷都偏消極，是為了反一切獨斷的論述。

懷疑主義的論調在哲學的發展史上一直沒有缺席過，不管在古代（就是皮羅主義）、中世紀或近代甚至當代都有一些偏懷疑主義的哲學。作為理性思考的警鐘，提醒我們過於獨斷引起的自大。

★思考練習

1. 提蒙在一開始提出皮羅哲學的最大特色是什麼？
2. 提蒙提出感官是不值得相信的，他提出了一些理由，列舉其中的一個。
3. 亞里斯多德認為透過感官經驗我們可以得到知識，皮羅則認為我們從感官經驗得到的是什麼？
4. 提蒙提出邏輯與數學也是不值得相信的，說說看他的批評。
5. 提蒙如何回答「皮羅哲學本身也是一種知識」這個問題？
6. 提蒙認為倫理上最重要的態度是什麼？
7. 提蒙認為我們應該如何對待不寬容的人？你認為有更好的方法嗎？
8. 這種對一切知識與規範都持保留態度的學說，你認為會不會太過消極？為什麼？

STORY 17

至善花園

伊比鳩魯主義、人生的幸福、死亡哲學、心靈的平靜、宗教的不可知論

★

西元前三七一年，雅典城郊。

某庭園前的告示牌寫著：

陌生人，你將在此過著舒適的生活。在這裡享樂乃是至善之事。

少女拉結佇立在告示牌前面，她十分好奇庭園裡住的到底是什麼人。拉結從小就比別人聰明，講話學字更快也更多，大部分雅典窮人，無法像她理解這麼多字，也不會像她想這麼多。

儘管威名遠播，亞歷山大的偉大遠征不但沒有幫希臘人改善生活，反而讓原有的文明世界因戰亂而衰落，雅典窮人越來越多。大部分窮人勞苦一生仍無法溫飽。

這座庭園屬於「花園學派」。雅典人都說這是邪教，裡面住著巫師、染病的妓女、騙子還有痲瘋病人。靠近房子會染病，甚至被詛咒或殺死。有人講得繪聲繪影，卻沒有人親眼見過。比起街坊傳聞，拉結還比較相信告示牌文字的力量。

拉結看著這句話出了神。回神過來的時候，發現有個男子正對著他微笑。男子有標準希臘鬈髮，倒三角臉加上一雙長耳朵，長鼻子配著微厚的嘴唇。不過最引人注目的，是他一雙透著溫和力量炯炯有神的雙眼。他的身材看起來過於瘦弱，膚色也不明亮，不過只要一加上眼睛，整個人感覺就充滿了生氣。他眼中精神的光亮，抵的過一切身體上的不佳。

男子看來年紀可能比拉結大一點，但可能只有五歲以內的差距，姑且稱他為少年。

少年主動對拉結道：「妳是來學習的嗎？」聲音有些蒼老。

「學習？」拉結回答：「學習什麼？」

「哲學。」

「哲學？」拉結第一次聽到這個字眼。「什麼是哲學？」

「哲學是通往幸福大門的鑰匙。」少年露出微笑：「了解哲學，就知道如何才能追求到幸福。」

拉結感覺自己靈魂的琴弦再度被撥動。

「大師！」

少年身後傳來叫喚。跑來一個很胖的中年人，氣喘吁吁：「您今天要出門嗎？」他把身體蹲低，頭低下來，雙手放在膝蓋上喘氣。

「是。」少年對他微笑道：「散步而已，別擔心。」

胖子突然看到拉結：「她……」

「一個朋友。」少年回答。拉結不知道該怎麼說，她只覺得這少年一舉手一投足，都有讓人安心的感覺。

「別擔心我，我等等就回來！」少年對胖子道。

「願意陪我散步嗎？」少年微笑道。

拉結覺得自己好像不該答應，卻覺得少年有一股說不出的氣勢與魅力。

「你們到底在那間大房子裡都在做些什麼？」

「享受幸福，只要找到幸福的鑰匙，就能享受幸福。」

「幸福的鑰匙？」

「大多數人的通往幸福的門都是鎖起來的，需要鑰匙來開。」

「鎖起來是什麼意思？打開又是什麼意思？」

「這樣講好像很抽象，或許妳待會就會看到，幸福怎麼被鎖住，又該怎麼打開它。」

兩人眼前出現了一個全身長滿膿包爛瘡的野人，斜躺在一棵蓖麻樹旁。野人因疼痛不斷哀嚎，身上爛瘡臭不可耐，引來大批蒼蠅，遠處還有幾隻獵狗在等他自然死亡。

「我詛咒天，詛咒地，詛咒我出生的日子。」野人大叫，口音聽來不是本地人。

拉結走過野人身邊，野人喊道：「渾身痛，疼得不得了。」

傷口腐臭陣陣傳來，拉結閉氣快走，卻發現身邊的人沒跟上來。

「爛瘡痛難耐。」少年蹲著對野人說：「但只要願意，很快就可以解決它。」他抬起頭，對拉結喊：「快來！第一把幸福的鑰匙來了。」

「鑰匙？」

「對！先來幫忙。」

他們花了一些時間撿木材，生火用野人的鍋子燒了一鍋熱水。少年從懷裡掏出小刀及針線扔進熱水鍋裡。少年的動作看起來很熟練，他一定不是第一次做這件事。

準備工作做好後，少年拿著開水滾過的小刀對著野人說：「忍耐一下，我會治好你。」

野人大叫。

少年用俐落刀法削去野人身上的膿包。清除乾淨，再從懷中掏出貓薺草與薄荷製成的止血藥敷塗傷口，傷口太大就把附近的皮膚用煮過的針線縫起來。在處理過程中，蒼蠅已經少了一大半。少年最後拿出艾草與天竺葵葉子製成的驅蟲粉，塗在野人身上後最後幾隻蚊蠅也散去了。

「還痛嗎？」少年問野人。

「好多了。」野人答道。

「只要面對痛苦，想辦法解決，痛苦通常很快就會消失。」

野人身上仍有膿臭，現在連他自己也開始聞到，少年對他說：「前面過去的那個山坡，有一大片薰衣草，滾一滾身上的臭味就會消失。小心傷口。」

野人一聲謝也沒說便走了，少年卻突然連續咳嗽起來，越咳越低，整個人蹲了下來。

「你還好吧？」拉結拍拍少年問道。

「還、還好。」少年邊咳邊答道。

「沒禮貌。」拉結道：「還多虧你救他。」

「這是人的天性，他急著去除自己的不適。他的感謝不能增添些什麼，倒是他快點將不適去除，能為世界增加更多的善。」

「道謝又不會損失。」

少年微笑道：「但也不會增加。而且妳說錯了，是『我們』救了他。」

「你生過病嗎，還是正在生病？」不知道為什麼，拉結突然問了。

少年似乎不願意正面回答，目光移開看著遠方：「其實只要面對痛苦，想辦法解決，痛苦通常很快就會消失。」

「但也有一些病痛或痛苦，很久都不會消失。」拉結回道。

「長久無法消失的痛苦，心靈與身體會聯手找方法忍受它、習慣它。痛苦消失是必然的，只是很多時候我們以為它還在。記得第一把幸福的鑰匙：痛苦短暫，容易消失。」

兩人繼續散步，不遠處遇到第二個人。這人牽馬行走，衣服光鮮亮麗，馬匹裝飾與配備華麗齊全，一看便知身價非凡。這人邊走邊嘆息，喃喃自語。

「我追尋過各式各樣的快樂，可是都很短暫。」富人自言自語。

拉結很討厭這種什麼都有，卻要像死了親人一樣無病呻吟的人。她壓低頭掩飾自己不屑的表情快步通過，卻發現同伴又沒有跟上。

「先生！」少年喊住那富人：「先生！請停一下。」

富人沒精打采地轉過頭，望著少年：「你說我？」

「是的，正是你。我聽到你對人生有所感嘆。請讓我了解怎麼回事。」

富人一長串的發言，讓拉結覺得這人好像需要別人聽他講話。故事就是一個什麼都有卻抱怨自己不快樂的故事。

「快樂無常、短暫，沒有『真正的快樂』。」富人道。

少年轉過來對拉結道：「第二把鑰匙來了。」

他笑嘻嘻地對富人說：「容我這樣說，這個世界上沒有真正的花朵。」

「為什麼沒有真正的花朵？」

「花朵都是短暫的，有限的。」

「真正的花朵本來就是短暫、有限的。花有自己的季節，不是嗎？」富人回道。

「既然如此，那快樂為什麼一定得要是長久的，才叫做真的快樂？」

富人突然喊「啊！」了一聲，然後沉思半刻，回問道：「可是許多哲人都說，短暫的快樂不是真正的快樂，難道不對？」

「是你的理解不對。」

「哪裡不對？」

少年答道：「哲人沉思了解到快樂的重要，發現快樂之於生命，就像水之於生命。但過程中卻發現有些快樂，事實上是假的。」

「假的？」這次是拉結發出疑問。

少年回道：「海水不能飲用，是因為海水鹽分太多，人的身體處理排除鹽的時候，卻要耗費水分。當鹽水中的水不夠用來處理掉鹽分時，就只會越喝越渴。謂假的快樂跟海水類似。表面上能滿足需求，讓你快樂，卻讓你一直想追求更多，最後你心靈不滿足的時間，比滿足的時間還多。哲人發現這種不快樂常常是短暫的，所以對短暫的快樂格外小心。但絕非因為『短暫的快樂就是假的快樂』。」

「所以我經歷過的一些短暫快樂，其實是真的快樂？」富人感覺有點口乾，他舔了一下嘴角。少年沒有答腔，他解下腰間的裝水皮帶，倒出水來分給兩人喝。

「好涼，好好喝啊！」富人忍不住道。

「你現在感受的就是真正的快樂，短暫、真實而且毫不費力。」

富人身體好像被電流過，他低語著，然後抬起頭來對少年說：「大師，我了解了。我還有什麼需要注意的嗎？」

少年微笑道：「分享與友誼能讓世界的快樂總量變大，也能讓你自身的快樂品質提升，這是你該追求的。」

「謝謝您！大師。我一定會記得的。」富人歡天喜地離開。

「我不明白。」拉結對少年道。

「其實妳明白，只是有些經驗還不能體會，得等人生經歷。妳先把第二把鑰匙記下來：快樂容易尋得。」

他們遇到的第三個人穿著像祭司，拿著一枝有刺的樹枝鞭打自己。這個怪人邊打邊喊：「神啊！原諒我！」樹枝將他的身體打得皮開肉綻，鮮血直流。

這人看上去根本是個瘋子，拉結討厭見血，快步通過這個人的身邊。卻發現身邊的同伴還是沒有跟上。

少年對祭司道：「你為什麼要懲罰自己來求神的原諒呢？」

「因為我觸怒了神，我得罪了神，在心中有了邪念。」祭司回道。

「什麼樣的邪念呢？」

「我厭倦了日復一日的聖務，開始抱怨，忘了我是在為創造萬物的神明服務。」

「你是說創造一切事物，造山填海只一眨眼的神明？」

「是的沒錯。」

「依我看來這樣的神明，根本不需要你的服務。如果祂需要你的服務，祂看重的一定是你的心意，而不是你實際的作為。」

「你說得沒錯，正因為祂看重的是我的心，所以我如此惶恐。」

「神明如果看重內心，那祂查驗的必定不止是現在，而是一直以來的誠心。假定你有個兒子二十年來一直遵循你的教導，只有最近對你有些不滿，你會因此怪罪於他嗎？」

「我想我不會。」但祭司似乎聽出少年話中的意思，他回道：「但因為神是公正的，祂對於罪惡十分厭惡，容不下一丁點兒的犯錯。」

「你說神是公正的，是因為祂容不下一丁點兒的犯錯？」

「是。」

「所以即便是小錯小惡，神明也會離棄你，懲罰你，就如同真正犯罪的人一樣？」

「這個自然。」

「在我看來，把心底邪念跟真正犯罪混在一起懲罰，是世界上最不公正的事。過錯有大小，邪念有深淺，犯罪有輕重。不把這些分開，依照實情審判，而將全部人一起懲罰，是再荒謬不過。我不懂在哪個意義上稱神明為公平的。」

「神明標準太高……」

「標準高與公不公平是兩回事，依學生程度訂定考核的標準，這是連最資淺的老師都知道的道理，查驗人心的神明豈會不知？」

祭司一時不知該如何回話。

「你的抱怨神並不在意，因為他了解一切。他會依實情來審判。神若喜悅你，必定是用愛子一樣的態度待你，所以你毋須擔憂。神若憎恨你，必定是用仇敵一樣的態度待你，所以你無法逃避。神若是智者，必定是用明察秋毫的態度待你，所以你不需隱瞞。既然躲不掉祂的安排，逃不開祂的目光，騙不過祂的智慧，你所能做的唯一一件事就是不要僭越自己的本分，不要妄稱神意。」

「妄稱神意？」

「像你這樣用自己混亂的標準卻歸之於神，這是妄稱神意。假裝不存在神明，服從自然的安排，是最符合宗教精神的行動。認為神明隨時隨地關注著自己，妄稱神意，是人心最大的傲慢。神明用自然的規律統馭萬物，推動日月星辰乃至於整個宇宙，這才是配得上神明身分的行動，神明根本不關心個人。」

少年轉過來對拉結道：「幸福的第三把鑰匙：神明並不關心個人。」

說完這一大段話，不管祭司滿不滿意這個答案，他終於離去了。少年從袋中取出麵包，與拉結一起分食。

「麵包有點硬。」拉結對他說。

「太軟的麵包容易讓胃生病。」

「你自己的生活明明過得不太好，卻不去注意這些，一天到晚解決別人的煩惱。」

少年微笑不答。

兩人最後遇到一群人簇擁著稱為智者的老者前來求教。

「大師，請您一定要救救我。」老者對少年說道：「我快死了。我聽說您這裡有克服死亡的方法。」

「有嗎？」少年搖搖頭道：「沒有，我沒有克服死亡的方法。從來沒有過。」老者聽到大師這樣說，立刻掛上一臉失望的表情。

「我這裡有的，頂多是克服對死亡的恐懼。」

「克服死亡的恐懼……」智者思考了一下，繼續問道：「那還懇請大師指教我克服死亡恐懼的方法，至少可以讓我不至失去智者之名。」

「請讓我先請教你一個問題。我也想請您幫我克服對X的恐懼。你幫我，我幫你。」

「這X是什麼。」

「不知道，我沒見過。」

「你沒見過？那你朋友見過嗎？」

「能同我說話的都沒見過。」

「不知道？那X會傷害你或你的家人嗎？」

「平常講的『傷害』的話不會。說實在我也不清楚，好像有些害但也說不上來。」

「你究竟怕X的什麼。」

「我只怕X終究會來找我。」

「既然你不知道X到底是什麼，那麼終究會來找你的X有甚麼好怕的。」

智者突然「啊！」一聲拍了自己的腦袋大叫：「這X不就是死亡嗎？」

「正解，X就是死亡，當人氣息猶存時死未降臨，當死真正降臨時人已不在。你從來不會真正遇見死亡，又何足懼之？」

「大師，十分感謝你，可是我還有一事不明白。死亡不是會讓我失去一切嗎？」智者問道。

「不會。」少年淡定地答道：「活著才是等著失去一切。年老使你失去年輕的身體，死亡使你失去年老的身體，仇恨使你失去親人，死亡只是讓你的親人失去你，請你仔細比一比，哪一個損失比較大呢？」

「伊比鳩魯大師的智慧真是深不可測，老者拜服。」

智者被眾人簇擁離去。

伊比鳩魯對拉結道：「幸福的第四把鑰匙：死亡無可怕之處。」

「原來你叫伊比鳩魯？好怪的名字。」

「妳呢？還不知妳的名字。」

「我叫拉結。你到底幾歲了，連那個老人都叫你大師。」

「我三十六歲了，妳應該十六歲吧！」

「你怎麼那麼老！你看起來明明就……」

「先別計較這個。記得我告訴妳幸福的四把鑰匙，人生的四帖藥方。

痛苦只是暫時的，

快樂容易尋得，

眾神不關心個人，

而死亡沒什麼好怕。

所有人生的問題，都可以在此找到答案。」

伊比鳩魯大師露出了笑容，那是一個瘦弱卻充滿了勇敢力量的笑容，彷彿能克服世界一切不幸般。

「謹遵這四者生活的地方，就是至善花園。」這是拉結記得大師說的最後一句話。

終生清貧又苦於病痛的伊比鳩魯，卻帶給了這個世界快樂主義的思想。或許，這正是生命最弔詭的地方吧。

★ 後記

伊比鳩魯（B.C. 341-270），古希臘哲學家，伊比鳩魯學派之創始人。伊比鳩魯學派繼承德謨克利圖的原子論論點，提出一種與柏拉圖主義完全不同風貌的唯物論哲學。

伊比鳩魯學派是希臘化時代三大學派之一，另外與之齊名的還有斯多葛學派，與懷疑論學派。伊比鳩魯哲學認為價值判斷源自於感官的快樂與痛苦，主張道德是能產生長久快樂的行動。除此之外，伊比鳩魯也辯護靈魂自由、認為神明不關心人類，主張死亡並無可懼之處。

本文取自伊比鳩魯派四藥方，「神不足懼；死不足憂；樂於行善；安於忍惡」之說，主旨清晰，非常具有代表性。伊比鳩魯主義常被誤認為單純追求當下感官快樂的貶義，其實是不符合該學派原貌的。伊比鳩魯追求的不是當下的、立即的快樂，而是一種長久的，寧靜的，遠離痛苦的狀態。詩人盧克萊修也是另一位有名的伊比鳩魯思想家。

★思考練習

1. 伊比鳩魯所謂追求幸福的第一把鑰匙是什麼？舉自己的例子簡述之。
2. 伊比鳩魯認為痛苦都是短暫的，但確實有些難以治癒的疾病會造成長期的痛苦，伊比鳩魯如何回答這個問題？
3. 伊比鳩魯提到有些快樂是「假的」，說明什麼是「假的快樂」。
4. 伊比鳩魯所謂追求幸福的第二把鑰匙是什麼？
5. 伊比鳩魯對上帝的公平性有什麼看法？
6. 伊比鳩魯認為最符合宗教精神的態度是什麼？
7. 伊比鳩魯認為人不應該恐懼死亡，他的理由是什麼？
8. 伊比鳩魯認為幸福的四把鑰匙是什麼？
9. 這四個中你特別贊同或反對哪一個？

STORY 18

奧理略的家書

斯多葛派、斯多葛哲學、普世主義、以理馭情、心靈的獨立、倫理學

★

西元一八〇年，羅馬帝國日耳曼地區的潘諾尼亞。

為了討伐帝國邊境的日耳曼人，羅馬軍團駐扎在潘諾尼亞濕原之上。歐洲中部春風和煦，跟這隻鋼鐵勁旅形成鮮明對比。

羅馬帝國的皇帝馬可．奧理略．安東尼．奧古斯都，在與軍團高級軍官簡單會議之後，返回皇帝營帳。奧理略是一位對外驍勇善戰，對內又溫和賢明的好皇帝。他在位時贏得了與安息帝國的戰爭，擊退入侵劫掠的日耳曼人。另外，他體恤下層人民的辛勞，刪去過於殘酷的法律，頒布大量對人民友善的法律，贏得了人民得信賴與敬愛。

不幸的是，相對於奧理略的才能與努力，好運並沒有降臨到當時的羅馬。奧理略在位這段期間羅馬並不安寧，凡人難以控制的瘟疫與自然災害在帝國肆虐，造成大量人口的死亡。再加上災難過後的出現的內亂與趁虛而入的外患，使得負責任的皇帝疲於奔命。他今年五十八歲，臉上卻顯出超過七十歲老人的滄桑。

皇帝奧理略坐在大營帳內的臨時搭建的書桌前，喚來守衛長交代命令之後，祕密地接見一位重要的人物。

「路西斯，你來了。」

「是的，吾皇。一樣擔任部隊的監造技師。」路西斯是個八十歲的老人，不過他從外表看來只有六十多歲，比奧理略看來還年輕。據說他長保年輕的方式是泡溫泉。

「麻煩你了，年紀這麼大了還隨軍，您真是我國的官員之光。」

「陛下言重了，能夠服務先皇哈德良與您，才是我路西斯畢生的光榮。」

「有關於太子部分的傳言，你已經私下幫我調查完了嗎？」

「是的，我派了兩組以上的人探聽，交互比對，而這是最後的結果。」

路西斯呈上一張羊皮卷。奧理略翻看瀏覽之後，神情嚴肅了起來。

「情況看來很嚴重。」奧理略道：「我沒辦法把國家交給這樣的人。」

「這跟您身邊的調查相符嗎？」

「完全不相符！我身邊的人早被康茂德買通了，我這老人能信任的只有你跟麥西穆斯。」

「太子或許是受到身邊的壞朋友所影響。我聽說他身邊有一些伊比鳩魯的門人……」

奧理略怒道：「都這個年紀了，還不能負責自己的品行嗎？」

「陛下請寬心，以陛下的經驗與智慧，必定能找出解法。」

奧理略回道：「真正的解法恐怕得把太子廢掉，麥西穆斯才是足堪帝國重任的長才。現在國內天災人禍肆虐，沒有正直與智慧的引導，羅馬的未來只會一蹶不振。」

奧理略說完這句話，突然又想起了小時候的康茂德，那個渴望見到父親，卻兩三年才能見個匆匆一面的孩子。奧理略年輕時忙於處理國事，根本無暇於家庭生活，返家時往往認不出自己的小孩。或許是因為缺乏與父親的相處，康茂德才會變成現在這個樣子。

「吾皇？」路西斯的話把奧理略從過去的回憶中拉回來。

「是的。路西斯，我們得趕緊處理這件事。這次回羅馬後再也不能拖延了。找個藉口去見麥西穆斯，先把這份報告給他。回羅馬後，我還有任務要派給你。」

「是的，吾皇。」

路西斯行禮告退後，奧理略又嘆了一口氣，他取出一張皇家專用的羊皮紙，提起蘆葦筆在紙上寫下一封給家人的信。

親愛的康茂德：

身為你的國王與你的父親，首先我必須先問你的母親與你姐姐的安。做為長子與王儲，你必須謙卑完整地傳答我的問候，以一家之主的身分盡心盡力照顧她們的情緒與生活。

我也問候你，希望你身體健壯，智慧成長。

北地之戰一如往常順利。蠻族軍隊無法抵抗羅馬的百戰雄師，若戰事發展順利，最快秋天就可以帶著凱薩之鷹榮歸羅馬。你所提出的和談計畫或許可行，但需建立在我方給予對方足夠打擊之上才能進行。肩負羅馬未來的你一定要謹記，對日耳曼戰爭若沒有強勢之勝，日耳曼入侵依然會是羅馬帝國未來最大隱憂。

我期待你閱讀我新訂出的幾條法律。制定法律是國王最重要的工作，因為任何法律的頒訂或廢除，都可能犧牲或救贖成千上萬的靈魂。你必須用心深入理解，全面權衡得失。回羅馬後，我會與你仔細討論，我希望看見對這些議題深思熟慮的你。

接下來，我想與你說一些重要的話。

縱橫沙場多年，我很清楚自己必須考慮明日戰敗的可能。若明日因戰敗而亡，這些話來不及說予你，這將是我畢生憾事。相對的，如果這些話你皆了然於心，而且能身體力行，那麼即便明日戰敗身死，我也沒有遺憾。

你期許自己成為好皇帝，摩拳擦掌、躍躍欲試，想知道所有成王的要件。身為父親，我一方面歡喜，一方面卻憂心。急著長高的樹若節省了扎根的時間，那生長對他來說可就是危險的了。我想跟你說一些更抽象、更重要，也更容易被遺忘的扎根原則。這些是出於二十年來，我身為王的經驗，與百分之百的誠心。

首先，你必須了解好的皇帝必須是一個好的「個人」。皇帝不是職位，而是人類的領導者；如果皇帝只是幾枚印章的核可者，那我們大可以行政或法律程序取代他，但這是不可能的。皇帝必需要是一個真正的「個人」，有著過人智慧與高尚品德的「個人」。如果一個人沒辦法當好「個人」，他自然也沒辦法當一個好皇帝。

如何才能當一個好的「個人」？我們必須先了解自己，才能改善自己。在我們生存的宇宙中，所謂「個人」其實只由三樣東西組成。小小的身體，微弱的呼吸，以及每個人獨一無二的心靈。而這三者中的前兩者，我們僅僅具有看管的責任而已，只有第三者，才是完全屬於我們。

你一定要了解：讓一個人成為好的個人，其關鍵是好的心靈。我們在所有的階層與行業中都可以看到一些出類拔萃的人，以及許多不知為何而活的人。心靈的品質就是個人的品質，對任何身分的人來說都一樣。培養好的心靈是成為卓越個人的必經之路。

培養好心靈最關鍵的一步，是意識到心靈本身的獨立與自主。你必須了解，做為具有心靈的個體，沒有任何外物能傷害你的心靈，所有能傷害你的東西都在你的心靈之中。如果外物使你開心或難過，你開心或難過的並不真的是「外物」，而是你對外物的「愛好」。不再愛好這些事物，它們就無法影響你。

我們會依照習慣產生好惡之情，但愛好與情感只要被理智意識到了，就能被反省，被反省就可以重新決定它的意義。你需要深刻地體認這一點。在理智反省下，任何個體都應該以自己的心靈為主人，而非欲望的奴隸。控制好自己的情感與愛好，不要讓心靈隨著外物起伏變化。如此一來，就沒有任何外物能夠控制你或擊垮你，我知道以你的年紀要了解這點並不容易。

此外，完全主宰自己心靈的人，能讓自己無時無刻處於平靜的幸福之中，這種永恆的、深遂的、直接的、寧靜的幸福，遠勝過世上一切的價值，而應是任何人窮其畢生追求的。讓你快樂幸福的泉源，也在你自身之中。

一旦認識到心靈本身的價值，你也會意識到追求外在的名聲與物質都是毫無意義的，這樣好的德行就離你不遠了，因為貪婪、恐懼、憤怒、驕傲都將遠離你。過人的智慧、高尚的品德與無限的快樂，皆來自於獨立自主的心靈，而這是作為父親的我最希望你能去努力預備的。

我注意到你身邊的朋友，有些伊比鳩魯的門人，你當當心，切勿像伊比鳩魯的門人一樣追求感官的快樂，那是膚淺而愚蠢的，真正有智慧的人，要追求平靜的智慧，只有平靜的智慧才是心靈真正的幸福。

讓心靈不被外界打擾，既使發現世界中不滿意的部分，也不要抱怨世界。如果你不喜歡吃茄子，遠離它，不要自尋煩惱地去問：「為什麼世界上竟然會有茄子這種東西？」把每天都當做最後一天去過，過不了多久，你就會發現自己完成的有意義的工作不可勝數。

一旦有了屬於心靈的平靜智慧，皇帝對你而言會是很簡單的工作。因為你已經能看清看透世界上最容易欺騙人、混淆人的事物。只要耐心而且細心地組織手邊的資訊與意見，仔細思考計畫，謹慎調度資源，扎實地累積經驗，假以時日，整個羅馬必將在你的智慧的引領之下，走向更美善的將來。

即使遇到任何困難，也要回到自己的心中，因為那才是完全適合你自己的安寧休憩地，沒有其他人能干擾阻礙，永遠記得一切皆取決於你自身的觀點，而永遠當你自身觀點的主人而不是奴隸。

勿施錯舉，勿出謬言，我們共勉。

你的父親

羅馬皇帝

馬可．奧理略．安東尼．奧古斯都

奧理略皇帝將羊皮紙捲好，將它放在傳信專用的鐵匣中。這封家書很快地回到了羅馬，只是奧理略沒想到，他回到羅馬的時間比他在這封信中預想得要更早。夏天還沒過完，他就已經回到了羅馬，只是是以骨灰的形態而已。

這封信的收信者康茂德沒有聽從父親的教導，中止了羅馬五賢王的黃金時代，羅馬帝國自此開始走上衰敗的道路。只是他父親睿智的思想與話語，卻成為智慧明燈，永遠綿延不斷。

★後記

馬可奧理略（B.C. 121-180）是羅馬五賢帝的最後一位皇帝，四十歲時即位。他是羅馬黃金時代的賢君，也是當時有名的哲學學派：斯多葛派的重要思想家。

斯多葛派在羅馬全盛期時於羅馬的政治界十分流行。斯多葛派的開創者齊諾與伊比鳩魯是同時代的人，這個學派也與伊比鳩魯學派一樣以倫理思想為其中心。晚期斯多葛學派特別強調心靈本身絕對的獨立性，認為心靈不受外界干擾是一切智慧、德性甚至快樂的源頭。這在奧理略的著作《沉思錄》中是不斷被重覆強調的主題，也是這一篇故事想要凸顯斯多葛派思想的特色。

英文中的「stoic」指不受情緒的影響，只依照理性進行判斷。如果去除這個詞中的貶義，到是相當符合斯多葛派的思考方式。斯多葛派與伊比鳩魯是兩個對立的學派，對比這兩者的論點將會發現更多有趣的事。

最後，路西斯與麥西穆斯都是虛構人物，前者是漫畫《羅馬浴場》的主角，後者則是電影《神鬼戰士》的主角。這兩者在原作故事中都曾與奧理略有關，因此拉他們進來串場。

★思考練習

1. 奧理略認為國王最重要的任務是什麼？為什麼？
2. 伊奧理略認為要當一個好國王以前，首先一定要先怎樣？
3. 奧理略認為個人的品質取決於何？
4. 奧理略認為培養好心靈的關鍵是什麼？
5. 奧理略認為真正能傷人的不是外物，而是什麼？
6. 奧理略認為人應該如何面對自己的情感與慾望？
7. 奧理略要康茂德防備哪些人，為什麼？
8. 奧理略認為什麼是真正的幸福？
9. 你覺得在現代社會裡，心靈的價值有這麼重要嗎？並說明你的理由。

STORY 19

殊途同歸

斯多葛主義、伊比鳩魯主義、倫理學、自由意志、心靈的平靜、宗教的不可知論

★

西元二三三年，羅馬北部的軍事防禦據點。

趁著羅馬帝國忙於應付波斯的入侵之時，日耳曼人繞過阿爾卑斯山在義大利北到處劫掠。羅馬皇帝亞歷山大塞維魯的禁衛軍還沒來得及從東方調回本土，羅馬北邊的防禦據點已經被大批日耳曼軍隊攻破焚燒，羅馬官兵四散逃竄。現在已是日落時分，還有一些零星的戰鬥，或者說是追殺。

樹林一角，三個日耳曼哨兵躡手躡腳從後方接近一個坐在樹下的羅馬帝國士官長，這士官長叫亞瑞斯提帕斯，他正因為剛剛的激烈戰鬥而在樹旁喘息，完全沒意識到背後有三個危險敵人。

日耳曼哨兵隱身樹後，其中一人取出背上的弓箭，搭箭，拉弓，屏住呼吸。亞瑞斯提帕斯仍沒注意到已上弓弦的殺機。另兩個哨兵默不做聲，在拉弓人身旁持劍護衛，準備等敵人中箭殞命。

「一——二——」弓箭手拉滿弓，在心中默默算著。

破空聲響。

「啊——」

一聲淒厲的慘叫，亞瑞斯提帕斯沒事，瞄準他的弓箭手頭上卻多出了一枝羅馬的標槍。原來他們沒注意到的後方，另一位羅馬士官長芝諾目睹到這一幕，情急之下也不顧自己的安危，就扔出了標槍。運氣站在羅馬這一邊，這一槍破空後直入了弓箭手的頭顱，讓他當場身亡。

聽到慘叫聲，亞瑞斯提帕斯也注意到了身後的哨兵。兩個哨兵交換一個眼神，起身圍殺離他們較近的士官長芝諾。芝諾一手挺起羅馬大盾，另一手緊握短劍迎敵。日耳曼哨兵一左一右同時出劍。芝諾戰場經驗老道，一個跨步後退，大盾同時隔開了兩方來劍，右手持短劍直刺右側哨兵，但以一敵二畢竟無法盡全力，哨兵輕鬆迴劍擋開，左側哨兵趁機繞到他身後，正要偷襲他的後心……

破空聲再度響起。

「啊——」

這次換做亞瑞斯提帕斯的標槍從前方飛來，正中左側哨兵的肩膀，吃痛的哨兵持劍的手沒握好，劍掉在地上發出聲響。芝諾聽得後方傳來武器落地聲大受激勵，一手盾一手劍專心對付前方的敵人。見同伴中槍的日耳曼哨兵心慌了起來，過不了五劍，就被戰技精良的羅馬士官長突破防禦，芝諾用大盾打掉他的武器後，羅馬短劍進了他的腹，鮮血從短劍的血槽中流出。

與此同時，亞瑞斯提帕斯已經走到芝諾的身後，了結被標槍射中的哨兵。落日餘暉照在喘著氣的羅馬士官身上，證明了他們是這場戰鬥最後的生存者。

「太陽快下山了，我們趕不回羅馬城了。這附近恐怕還有敵人，我們得進森林。」亞瑞斯提帕斯對芝諾道。

芝諾道：「我才剛調來這個防區，怕進森林迷路。」

亞瑞斯提帕斯道：「我在這個防區駐守三年了，我知道有一個適合藏身的洞穴。」

兩人搜刮哨兵身上的可用物資後，果斷進了森林，在亞瑞斯提帕斯的帶領下，很快就抵達這個天然的洞穴，還順手拾了柴火。這洞穴的入口被濃密的草木遮蓋著，即使大白天都不一定找得到，晚上藏身於此，可說萬無一失。

「這裡可真不小。」芝諾一邊放下手上的柴火一邊道：「而且非常隱密。」

「是啊！這是只有當地人才找得到的地方。」亞瑞斯提帕斯起好火堆，點了火，霹啪一聲火堆點燃，火光搖曳的洞穴開始溫暖起來。

稍微放鬆下來的兩人開始卸載身上的物品，進餐邊聊天。

「對了，一開始你救了我一命，都還沒跟你致謝。我是亞瑞斯提帕斯，羅馬第二軍團的士官長。」

「同一個軍團的，戰場上相互支援不用客氣，我是芝諾。」

亞瑞斯提帕斯回道：「也是。」

「附近敵人太多了，我們寡不敵眾，還是先躲開為妙。這些食物大概夠我們撐兩天，他們已經把防禦工事都燒了，想必不會在這裡屯駐太久。唉——這群野蠻人！真是缺德！」芝諾一邊嘆氣一邊咬了一口乾糧。

亞瑞斯提帕斯道：「時局不好，這些沒文明的人當道，真是太可嘆了。」

兩位士官長交換了一些對當時羅馬政軍局面的看法，兩人都是有想法的聰明人，而且政治上意見幾乎一致，因此相談甚歡。他們聊著聊著，聊到彼此的背景上。

亞瑞斯提帕斯道：「我看到你的護身符，所以你是斯多葛派的教徒。」

芝諾道：「是，你認得？所以你也是斯多葛派的人？」

亞瑞斯提帕斯道：「不是，我是伊比鳩魯派的。」

芝諾道：「伊比鳩魯派的？不會吧！那我們不是兩個敵對學派嗎？」

亞瑞斯提帕斯道：「你斯多葛派的信徒可以這樣喝酒嗎？」

芝諾道：「那難道伊比鳩魯的信徒就可以這樣喝酒嗎？」

亞瑞斯提帕斯道：「這樣說那一定要乾一杯了！」

芝諾道：「乾！」乾了一杯後，兩人都開心地笑了。

亞瑞斯提帕斯道：「我聽說斯多葛派的教義比較嚴肅，是這樣的嗎？」

芝諾道：「斯多葛派強調理性的價值，講究用理性控制情感，理性必須完全是感覺與情緒的主人。我們強調以德為樂，認為遵循理性認可的德行就是快樂，生活必須完全以理性為準繩。你要說這種說法嚴肅，那也是跟你們的想法相比起來嚴肅。」

「伊比鳩魯派比較喜歡強調感受。而且認為凡是能追求快樂的行為，就是善行，就是德行。你們是以德為樂，我們是以樂為德。伊比鳩魯大師的名言：『如果除去了美食、性、音樂、和美麗的事物所帶給我們的美好的感受，我將無法想像什麼是善。』」

「說得還真是直接啊！或許就是這樣，斯多葛派才會告誡弟子千萬不可以接觸伊比鳩魯派的人，因為你們聽起來就是一種縱欲主義。」

「不！這完全是種誤解，伊比鳩魯派的人雖然認為快樂就是善，卻勉人追求長久的、平靜的快樂。短暫的快樂往往讓人因過分貪戀而更加痛苦，我們被告誡要遠離短暫的假快樂，追求長久平靜的真快樂。我們也需要理性幫我們分辨出真正的快樂。」

「這樣聽來，這跟斯多葛派的看法不是也很相似嗎？」

「是的。我想這兩種看法雖然出發點不同，但畢竟都是對人生深入思考所得的智慧，所以極可能是殊途同歸的。」

「你這樣說似乎很有道理。」

芝諾道：「不過雖然我是斯多葛的信徒，斯多葛信仰裡，有一點我不太能接受，就是認為宇宙一切發展都是已經被決定好的，所有的事情都有非如此發生不可的理由。或許我們一開始不知道，但等收集到了足夠多的理由，你就知道每件事都會在命運的帶領下必然發生。」

亞瑞斯提帕斯道：「為什麼不太能接受這種講法？」

「對我個人而言，總覺得這種想法有點悲觀，感覺命運是必然的，命運是不可以違抗的。面對不可違抗的命運，斯多葛會強調要保持平靜去接受這一切，就像現在國家的狀況一樣。我好奇伊比鳩魯派也認為現實世界一切發生的事情都是被決定的嗎？」

「不是。伊比鳩魯派認為人的靈魂有自由意志，即便一切都是由原子構成的，但靈魂部分的原子能影響人的決策，讓事情產生『不一定』的可能。既然人的抉擇會讓事情變的不同，所以並非一切都是被決定的。不過這種想法也產生了另一個問題……」

「什麼樣的問題？」

「就是從伊比鳩魯的角度來看太多事件都是偶然的，也就是不一定的。」

「這樣不是很好嗎？偶然便是能夠改變。」

「不盡然。因為過多偶然的、意外的決定會讓事情的發展不可預測，所以最後只好歸諸到運氣。結果到底說來運氣也是個人沒辦法改變的。最後，面對不可違抗的運氣，伊比鳩魯一樣強調要保持平靜去接受這一切。」

「即便一個訴諸命運，一個訴諸運氣，說到底又是殊途同歸啊！」

「可不是嗎！」

兩人聊到一些周圍人事物的評價，內容較為瑣碎單調。又再過了一陣子，他們的話題轉到神明身上。

亞瑞斯提帕斯道：「斯多葛派有信仰特定的神明嗎？」

芝諾道：「我們敬畏宇宙，雖然不崇拜特定的神明，但相信神明的存在跟宇宙秩序有關。在心靈層次我們是十分尊敬神明的，神明也關心我們，神明賦予了萬事萬物的意義與目的。」

「伊比鳩魯這點很不一樣。伊比鳩魯認為神是否存在是不可知的。而且即便神存在，也不關心我們個人。這個世界到處充滿的邪惡與不正義，正義的羅馬帝國被邪惡的蠻族入侵，正是神不關心這一切的證據。如果神全知而全善，祂必定能察見這些不正義，如果神明全能，必定能改變這些不正義，可是祂從不出手干涉世界。因此，神明若不是不存在，就必定不關心我們。」

「你們這種想法中，對世上的不公平有很強烈的不滿。雖然我很欽佩這一點，不過這個世界上也有不少好的、美善的事物，總不能只看壞的，卻不注意好的。」

「所以你們是只看好的那一面嗎？」

「或許比較多吧！雖然有時我也會懷疑。比方說現在面臨戰爭的大局，我也感到沮喪無力，我既不知道該怎麼辦，也幫不上任何的忙。但我們畢竟都在最壞的情況當中活了下來，認識了彼此。斯多葛信仰告訴我要感謝神明，盡自己的本分，用心度過自己在世上的每一日。我覺得還是有用的。」

「最後這點其實與伊比鳩魯的想法也相去不遠，不管環境怎樣的不利，即便神明不關心世界，我們仍應盡自己的本分，用心經營我們渺小的生命，直到離世的那一天，因為這才是至善的快樂。這兩種學說從論述上看來是如此的不同，最後在該做什麼，保持何種心態上，又再一次殊途同歸了。」

「是的，又再一次殊途同歸了。所以我們才能在戰場上相互幫忙掩護啊！來！再乾一杯吧！」

「乾杯！」

「同您談話真是格外投緣，我希望回羅馬之後，我們可以申請調到同一個中隊。」

「好主意！我也有相同的感覺。我們一定可以守護彼此的背後，直到退役的那天為止。乾杯！」

「乾杯！」

亞瑞斯提帕斯與芝諾兩人邊聊邊喝，越喝越多，漸漸地睡著了。

兩位亂世的戰友最後成功地返回羅馬，並調到了同一個中隊。只是羅馬帝國氣數將盡，長期的內亂與外患從未停止，十年後這對好友一同戰死沙場。他們萬萬沒想到，羅馬帝國最後的希望既非斯多葛也非伊比鳩魯，而是改宗信了基督教。從此以後，歐洲開始進入以基督教思想為主的中古時代。

★後記

伊比鳩魯與斯多葛這兩個學派其實之前都已經以單篇的故事介紹過了，這個故事主要是對比這兩個學派的主張，讓讀者能有更深的印象。這兩派在實踐上的教導極為相近，所以本故事試著提出「殊途同歸」這個詮釋，讀者可以自己思考一下合不合理，而毋須急著接受。

兩位士官長的名字是從歷史中挑選來的。芝諾（B.C. 333-264）是斯多葛派的建立者，快樂主義的亞瑞斯提帕斯（B.C. 435-365）則是伊比鳩魯派的先驅。藉由他們的思考開始了這兩個學派，而在這個小故事中，他們則代表了這兩個學派的結束。

不同的哲學觀點，有可能在某個點上相互批判，也可能在另一方面聲氣相通，這也是哲學家的思想最有趣的地方。在這篇文章中，我努力呈現這一點，希望讀者會喜歡。在歷史上，這篇也代表了古典哲學的時代即將過去，新思想文化的時代即將到來。

★思考練習

1. 斯多葛派與伊比鳩魯派在德性與快樂的關係上有何不同？
2. 承前題，但他們殊途同歸的地方又是什麼？
3. 斯多葛派與伊比鳩魯派在命運與運氣的論述上有何不同？
4. 承前題，但他們殊途同歸的地方又是什麼？
5. 斯多葛派與伊比鳩魯派在對神明的態度上有何不同？
6. 承前題，但他們殊途同歸的地方又是什麼？
7. 有沒有可能有兩種完全相反的想法，最後在某些點上卻是「殊途同歸」？舉個例子說明之。

Q & A

思考練習／參考解答

★

STORY 1｜〈米利都的美男子〉參考解答

1. 他說聽話是外來權威，不會進步；理性是內在的精神力量，能透過反省思考進步。
2. 萬物起源的問題。他認為想從頭了解一件事是種很自然的求知欲望。
3. 水。生物都需要水，而且水也能變成各種型態的東西。
4. 他很難解釋火也是水造成的，他並沒有因此放棄論點，反而說要多想想。
5. 無限。他覺得對立的萬物的構成材料如果是同一種，應該是非對立的物質。
6. 安納克西美尼認為只用反面而非正面的方式描述，會很像一種語言上的解釋。
7. 氣，生物需要呼吸。
8. 沒有，他們覺得保留答案也沒關係。我也覺得如此。
9.（略）

STORY 2｜〈阿基里斯與烏龜的賽事〉參考解答

1. 阿基里斯是古希臘的悲劇英雄，他是半神，是神的侍女與人類生下的孩子。阿基里斯是特洛伊戰爭中的核心人物，他也以刀槍不入的皮膚與飛毛腿著稱。
2. 因為每當他追上了落後的距離時，烏龜都會往前移了一小步，拉開距離，不管重覆幾次都一樣。
3. 他認為這分析結果是違悖事實的。
4. 齊諾認為光指出結果不合事實，並沒有指出分析過程的問題，不算完整的回覆。
5. 友人二認為無限分析這個方法本身有問題，不能這樣一直無限分析下去。
6. 齊諾認為雖然友人二強調分析方法有問題，卻說不出關鍵問題到底在何處。

7. 我們無法用分析的角度去理解運動過程，因為運動過程根本不是思考中的概念，它只是我們比對思考概念的結果。我們越分析，越找不著，越想弄清楚，越覺得糊塗。
8. 古希臘人誤以為即使是無限小的東西，只要累積無限多次，就會變成無限大。齊諾對運動過程的分析一直停留在阿基里斯還沒追過烏龜之前的那段時間內，但這段分析無法推出阿基里斯「永遠」追不上烏龜。齊諾把對有限時間的無限分析，變成無限的長度，這是最關鍵的錯誤。

STORY 3〈畢達哥拉斯的麵包規矩〉參考解答

1. 畢達哥拉斯教團過著共產主義的生活。
2. 他認為「不可掰開麵包」與「不可從整條麵包吃起」相衝突。但我們可以用刀子切分麵包。
3. 用刀子切分麵包比較衛生，而且不浪費。
4. 人是由靈魂與身體兩部分組成的。
5. 死人與活人的不同需要用有沒有靈魂來解釋。
6. 當遇到一些不想要的經驗時，我們常直接意識到身體的感覺與思考的靈魂直接相衝突。
7. 他認為我們來到世界上時就自然而然有靈魂了，當我們離世時也找不到靈魂毀壞的痕跡，因此靈魂很可能仍在世上某處。我認為這理由很薄弱。
8. 「不可吃心」這一條有可能是內臟很容易腐壞。

STORY 4 |〈德謨克利圖的自辯〉參考解答

1. 德謨克利圖說他只是使用，而不是浪費。我覺得這說法合理。
2. 我認為合理，有時候學會一些運動，甚至一些數學，都讓我感覺到快樂。
3. 把一個自然現象分成更小部分的構成物，用構成物的特性來說明原本的自然現象就叫作解釋。
4. 「原子」是構成事物最小的微粒，自然世界所有的可見的性質都是無數原子在空間中運動所造成的。
5. 他說的是現實上的不可分，而不是數學上的不可分。原子就算碎裂也只會變成更小的原子，而不是另一種東西。
6. 他認為可觀察的性質都是由原子的運動產生。例如香味取決於食物的原子進入鼻腔所產生。
7. 若有靈魂那麼靈魂也是原子構成。
8. 他舉喝酒入胃以及棒擊頭部會失去意識來說明物體的交互作用期時會影響靈魂，所以靈魂不會完全獨立於物質。
9. （略）

STORY 5 |〈收學費的普羅塔哥拉斯〉參考解答

1. 為發現真理是隱藏的這種說法根本是謊言。
2. 一切真理都是相對的，真假依個人感覺而定。
3. 在一群人中真理就是說服，能說服別人的強者講的就是真理。
4. 蘇格拉底認為真假取決於事實，而非個人。

5. 學法律的年輕人與老師訂下契約，載明當年輕人打贏了第一場官司後，立刻付學費。學生畢業後卻沒去當律師。老師生氣地告上法院，請償還學費。老師認為這場官司若贏，依照官司結果，學生應付學費；官司若輸，依照契約，學生應付學費。但這位學生認為如果這場官司若贏，依照官司結果，學生不需付學費。但若輸，依照契約，學生並沒有打贏第一場官司，也不需要付學費。
6. 他覺得不同的民族、地區、文化有不同的道德，道德是相對的。
7. 他覺得對於神明人類生命太短所知太少，所以對神存在與否的答案是不知道。
8.（略）

STORY 6｜〈街頭的蘇格拉底〉參考解答

1. 阿爾西比亞德思曾與他在同一支部隊中，他以親身所見所聞替蘇格拉底沉清流言。
2. 他說他善於理性的對話，卻不善於表情的演講。
3. 他認為幸福就是征服他人，說服他人。他認為價值與規範都是出眾的強者所制定的。
4. 如果強者出眾是事實，那表示有獨立於強者的價值存在。
5. 但若強者出眾非事實，那表示規則並不是強者制定的。
6. 他認為有客觀的知識與價值，而且追求這些能讓自己變得更好。
7. 抱著「無知」的態度去追求。「無知」是了解到自己的有限，又以不放棄的態度去追求真理與價值。
8.（略）

STORY 7｜〈柏拉圖的逃亡〉參考解答

1. 他們認為「純粹的知道」是沒有意義的。洞穴人只注重看的見的、有用的資訊，不喜歡深入思考，不喜歡探究事物的原因。
2. 他們也被自己的思考習慣限制住。
3. 因為他們沒有深入思考首領給的理由的合理性。
4. 他們認為柏拉圖並沒有比較懂，或者認為他提的問題根本沒有用。我認為這些回應不合理，他們可以正面面對問題，卻因為一些無關的原因放棄了進一步思考的機會。
5. 「心靈的自由」就是掙脫自身的有限，了解更真實更美好的事物。
6. 他說我們只在乎自己的快樂，根本不在乎真相。
7. 同意，例子略。

STORY 8｜〈蘇格拉底的最後一天〉參考解答

1. 他認為哲學家會為死亡感到快樂，因為獻身哲學的人，其實是主動為死亡做準備。
2. 因為身體對於知識與美德都是有害的，死亡可以讓人脫離身體的制轄。
3. 一切都處於相對的變化之中，有生必有死，因此有死也必有生。
4. 他認為一切皆處於相對變化之中這種推論太過薄弱了，有時變化只有單向的。
5. 靈魂是簡單無形的實體，簡單的實體不會變化，也不會朽壞。
6. 他認為靈魂依附於身體就好像音樂依附於樂器。當樂器毀滅了，音樂也不在了。那麼身體若毀滅了，靈魂也就不在了。

7. 附加於樂器上的樂音，無法影響樂器本身，但靈魂能影響身體，能控制身體，甚至能抵抗身體。因此靈魂獨立於身體是很明顯的。
8. （略）

STORY 9 |〈柏拉圖的夢境〉參考解答

1. 他說他是狗本身，就是狗這一類。
2. 即使擁有概念的人死亡了，他的心也消失了，但這一類的概念依然存在。
3. 單一個體雖然死亡了，但我們分類的那些對象仍然存在，所以這個類不會消失。
4. 有一天我們分類的那些對像也可能消失，例如恐龍，但這一類的概念依然存在。
5. 理性思考是認識永恆的事物。
6. 他們認為永恆不變的事物要比會變化生滅的事物更真實。
7. （略）

STORY 10 |〈海島上的理想國〉參考解答

1. 這個國家的特色有哲學家統治、男女平等、共產制度、公共教育以及文化審查制度。
2. 民主政治下統治者沒有處理公共事務的專業知識。
3. 統治者需要哲學家的智慧。哲學的學習可以提供抽象思考的能力、追求真理的態度以及追求公利的精神。
4. 統治者沒有自己私有的財產，國家會供給一切，但他也一無所有。

5. 教育是由國家統一負責，並按階級實行，讓人各歸其分。
6. 或許吧！但這種沒機會接觸邪惡的善良也不是真的善良。
7. 我覺得適度審查也許可以，過度干涉就會妨礙人創作的自由。
8. （略）

STORY 11｜〈亞歷山大的導師〉參考解答

1. 他認為人的心靈天生如空白的白板一般。人類的知識源自於經驗，不是自己的經驗，就是別人的經驗。
2. 他認為某物有用與否是相對於某一個目的，比如說水對口渴的人來說有用，對快餓死的人來說卻沒用。
3. 他認為真理就是符合現實的判斷。符合現實的判斷就是真，不符合現實的判斷就是假。
4. 亞里斯多德不認為這是字義難明，他認為這只是符合對象難明。例如我們都清楚「謊言」的意義，但卻無法因此辨認出所有謊言。
5. 認為一個人要是無法明辨真理，就很容易被身邊的人欺騙蒙蔽。統治者不應該被身邊的人蒙蔽。
6. 觀察與善用推理思考。
7. 一、確認對方對提出的理由是否適當。二、檢查推論出的結果是否跟已知的事實有衝突。
8. （略）

STORY 12｜〈亞歷山大的政治學課〉參考解答

1. 從構成的角度看，個人先於國家。從目的的角度看，國家先於個人。
2. 他說眾人的稱讚或厭惡並不增加人的利益，但人卻會因此而快樂或痛苦，可見人是政治的動物。
3. 一人組成的政府、多人組成的政府以及全民組成的政府。
4. 國家的好壞取決於統治者的道德程度。以公益為目標的是好政府，以私益為目標的是壞政府。
5. 民主國家效率最差，但因為統治者多半都只為了自己的私利，所以效率差反而是好的。
6. 革命最常出現於理念的不一。
7. 政府需要透過教育與宣傳讓人民覺得對抗政府是愚蠢的、邪惡的。
8. 戰爭不應該是國家的目的。戰爭只能做為一時的手段，目的是為了更多的財富與奴隸。
9. （略）

STORY 13｜〈亞歷山大與戴奧真尼斯〉參考解答

1. 他認為只要有好的準備就沒有問題。
2. 犬儒認為一個人真正能享受的幸福，就是靈魂自足的平靜與快樂。
3. 犬儒認為文明對靈魂有害，這跟亞里斯多德相反。
4. 虛偽，生活在文明中的人變得虛偽不實。
5. 貪婪，生活在文明中的人貪心變得沒有止境。
6. 束縛，生活在文明中的人變得不自由，無法隨心所欲。

7. 他說自己是身不由己的。

8.（略）

STORY 14｜〈亞里斯多德的逃亡〉參考解答

1. 他期待學生能更有挑戰性一點。

2. 柏拉圖認為抽象世界比感官世界要更真實，具體現實物會生滅變化，但理性認識的抽象世界卻是永恆的。

3. 柏拉圖比較抽象分類跟具體事物的真實性，這個比較本身就是明顯的誤導。

4. 具體的事物：例如每個人，可以被感知的實體才是世界真正的主角。

5. 大理石雕像所呈現的那個樣子是型式，大理石則為呈現這個型式的質料。相同的型式可以用別的材料做；這塊大理石也可以被做成另外一個東西。

6. 實體變化的原因有兩種：受到外物的影響是動力，由自己內在的結構引發是目的。

7.（略）

8.（略）

STORY 15｜〈皮羅先生〉參考解答

1. 他的口頭禪是「不一定喔！」

2. 他說有的書好看，有的則不。我認為很難有一定方法，因為人善於欺騙。

3. 他認為所有未來的事，都是不一定的。

4. 因為我們每個人都是基於自己的觀察角度、有限的經驗與知識，做出的判斷。觀察有可能會出錯，個人經驗總是有限，而我們的知識也常常不夠甚至含有錯誤。
5. 保守或消極是面對事情主觀的態度。面對不一定的事實你可以消極等待，但你也可以積極面對，考慮各種可能性，做更充分的準備，讓你更安全。
6. 預留「不一定」的想法能讓你保持在平靜自由的狀態。對事物的可能性不加以判斷，保持中立的立場，才能維持心靈的自由與平靜。
7. （略）

STORY 16｜〈獨眼巨人提蒙〉參考解答

1. 皮羅哲學的最大特色是認為對於世界中的事物我們什麼也不知道。
2. 感覺經驗受到生理結構的影響與限制，所以感官對事物的認識不見的是事物真實的樣子。
3. 皮羅認為我們從感官得到的最多只能說是事物的「表相」，也就是事物「看起來的樣子」，並不是事物「真正的樣子」。
4. 理性的知識多半是從一些不可置疑的前提出發，他卻懷疑理智是否具有認知到正確基本公理的能力。
5. 皮羅哲學並是一種知識，而是強調的是一種不可知的態度，一種持保留與謙虛的態度。
6. 最重要的倫理是「寬容」的態度。不涉入爭執，不進入爭論，寬容地理解一切，這就是皮羅哲學的倫理幸福觀。
7. 要仔細考察對方不寬容的「程度」。如果只是小部分的不寬容，這一點還可以忍受。但如果是全面性的不寬容，甚至壓迫別人，我會順服他站在更寬容的觀點上。

8.（略）

STORY 17｜〈伊比鳩魯的至善花園〉參考解答

1. 只要面對痛苦，痛苦很容易解除。比如說只要認真寫功課，很快就可以寫完。
2. 你的身體跟心靈會想辦法忍受它，忽略它。
3. 假的快樂是表面上滿足你的需求，卻讓你一直想追求更多，最後心靈不滿足的時間，比滿足的時間還多。
4. 快樂容易尋得。
5. 他認為不管罪大小都給予一樣的懲罰，是不公平的。
6. 假裝不存在神明，卻服從自然的安排，是這個世界上最符合宗教精神的行動。
7. 你不會真正遇見死亡，死亡來臨你已消失。
8. 痛苦只是暫時，快樂容易尋得，眾神不關心個人，死亡無處可懼。
9. （略）

STORY 18｜〈奧理略的家書〉參考解答

1. 制訂法律，因為一條法律就能影響許許多多的人。
2. 好皇帝必須是一個好的「個人」。
3. 心靈的品質就是個人的品質。

4. 培養好的心靈最關鍵的一步，是意識到心靈本身的獨立與自主。
5. 你開心或難過的是對這些外物的「愛好」使然。如果你不再愛好這些事物，就無法傷害你。
6. 人應該反省並控制自己的情感與欲望。他應該是主人而非奴隸。
7. 防備伊比鳩魯的門人，因為他們喜歡追求快樂。
8. 平靜的智慧才是心靈真正的幸福。
9. （略）

STORY 19｜〈殊途同歸〉參考解答

1. 斯多葛派以德為樂，伊比鳩魯則是以樂為德，兩種想法相對立。
2. 但他們都認為現實生活中的行為要以理性為準繩。
3. 斯多葛派認為一切都是命定的，伊比鳩魯則認為人有自由意志，世界有很多不一定的成分中。
4. 但他們都認為面對不可抗拒的現實，人應該要平靜地接受一切。
5. 斯多葛派認為有神明，而且神明關心我們；伊比鳩魯認為神明是否存在不可知，但即使存在神明也不關心我們。
6. 他們都認為人應盡好自己的本分，用心度過自己在世上的每一日。
7. （略）

豪哥的哲學課(古希臘篇):寫給全年齡的哲學入門故事集

作　　者　蒲世豪
特約編輯　郭正偉
封面設計　方法原創
內文排版　陳恩安 globest_2001@hotmail.com
總 編 輯　劉粹倫
發 行 人　劉子超
出 版 者　紅桌文化／左守創作有限公司
10464 臺北市中山區大直街117號5樓
02-2532-4986
undertablepress@gmail.com
經 銷 商　高寶書版集團
11493 臺北市內湖區洲子街88號3樓
02-2799-2788
印　　刷　約書亞創藝有限公司
ISBN　978-986-91148-9-9
書　　號　ZE0120

2016年04月初版　新臺幣 350元

國家圖書館出版品預行編目（CIP）資料

豪哥的哲學課（古希臘篇）：寫給全年齡的哲學入門故事集／蒲世豪著. -- 初版. -- 臺北市：紅桌文化，2016.4
328面；14.8×21公分
ISBN 978-986-91148-9-9（平裝）

1.古希臘哲學 2.通俗作品
141　　104026979

The Stories of Philosophy: Greek

The Stories of Philosophy: Greek

Published by UnderTable Press, 5F 117 Dazhi Street, 10464 Taipei, Taiwan